小学校学習指導要領（平成29年告示）解説

家庭編

平成 29 年 7 月

文部科学省

ま　え　が　き

　文部科学省では，平成 29 年 3 月 31 日に学校教育法施行規則の一部改正と小学校学習指導要領の改訂を行った。新小学校学習指導要領等は平成 32 年度から全面的に実施することとし，平成 30 年度から一部を移行措置として先行して実施することとしている。

　今回の改訂は，平成 28 年 12 月の中央教育審議会答申を踏まえ，

①　教育基本法，学校教育法などを踏まえ，これまでの我が国の学校教育の実績や蓄積を生かし，子供たちが未来社会を切り拓くための資質・能力を一層確実に育成することを目指すこと。その際，子供たちに求められる資質・能力とは何かを社会と共有し，連携する「社会に開かれた教育課程」を重視すること。

②　知識及び技能の習得と思考力，判断力，表現力等の育成のバランスを重視する平成 20 年改訂の学習指導要領の枠組みや教育内容を維持した上で，知識の理解の質を更に高め，確かな学力を育成すること。

③　先行する特別教科化など道徳教育の充実や体験活動の重視，体育・健康に関する指導の充実により，豊かな心や健やかな体を育成すること。

を基本的なねらいとして行った。

　本書は，大綱的な基準である学習指導要領の記述の意味や解釈などの詳細について説明するために，文部科学省が作成するものであり，小学校学習指導要領第 2 章第 8 節「家庭」について，その改善の趣旨や内容を解説している。

　各学校においては，本書を御活用いただき，学習指導要領等についての理解を深め，創意工夫を生かした特色ある教育課程を編成・実施されるようお願いしたい。

　むすびに，本書「小学校学習指導要領解説家庭編」の作成に御協力くださった各位に対し，心から感謝の意を表する次第である。

　平成 29 年 7 月

文部科学省初等中等教育局長

髙橋　道和

目次

● 第1章　総　説 ……………………………………………………… 1

　　1　改訂の経緯及び基本方針 ………………………… 1

　　　⑴　改訂の経緯

　　　⑵　改訂の基本方針

　　2　家庭科改訂の趣旨及び要点 ………………… 5

　　　⑴　改訂の趣旨

　　　⑵　改訂の要点

● 第2章　家庭科の目標及び内容 ………………………… 12

　● 第1節　家庭科の目標 ………………………………… 12

　● 第2節　家庭科の内容構成 …………………………… 17

　　1　内容構成の考え方 ……………………………… 17

　　2　内容の示し方 …………………………………… 17

　● 第3節　家庭科の内容 ………………………………… 20

　　A　家族・家庭生活 ………………………………… 20

　　B　衣食住の生活 …………………………………… 32

　　　　食生活 ………………………………………… 34

　　　　衣生活 ………………………………………… 49

　　　　住生活 ………………………………………… 58

　　C　消費生活・環境 ………………………………… 64

● 第3章　指導計画の作成と内容の取扱い ………………… 71

　　1　指導計画作成上の配慮事項 ………………… 71

　　2　内容の取扱いと指導上の配慮事項 ………… 77

　　3　実習の指導 …………………………………… 81

● 付　録
　　● 付録１：学校教育法施行規則（抄）
　　● 付録２：小学校学習指導要領　第１章　総則
　　● 付録３：小学校学習指導要領　第２章　第８節　家庭
　　● 付録４：中学校学習指導要領　第２章　第８節　技術・家庭
　　● 付録５：小学校学習指導要領　第３章　特別の教科　道徳
　　● 付録６：「道徳の内容」の学年段階・学校段階の一覧表
　　● 付録７：幼稚園教育要領

第1章　総説

●1　改訂の経緯及び基本方針

(1)　改訂の経緯

　今の子供たちやこれから誕生する子供たちが，成人して社会で活躍する頃には，我が国は厳しい挑戦の時代を迎えていると予想される。生産年齢人口の減少，グローバル化の進展や絶え間ない技術革新等により，社会構造や雇用環境は大きく，また急速に変化しており，予測が困難な時代となっている。また，急激な少子高齢化が進む中で成熟社会を迎えた我が国にあっては，一人一人が持続可能な社会の担い手として，その多様性を原動力とし，質的な豊かさを伴った個人と社会の成長につながる新たな価値を生み出していくことが期待される。

　こうした変化の一つとして，人工知能（AI）の飛躍的な進化を挙げることができる。人工知能が自ら知識を概念的に理解し，思考し始めているとも言われ，雇用の在り方や学校において獲得する知識の意味にも大きな変化をもたらすのではないかとの予測も示されている。このことは同時に，人工知能がどれだけ進化し思考できるようになったとしても，その思考の目的を与えたり，目的のよさ・正しさ・美しさを判断したりできるのは人間の最も大きな強みであるということの再認識につながっている。

　このような時代にあって，学校教育には，子供たちが様々な変化に積極的に向き合い，他者と協働して課題を解決していくことや，様々な情報を見極め知識の概念的な理解を実現し情報を再構成するなどして新たな価値につなげていくこと，複雑な状況変化の中で目的を再構築することができるようにすることが求められている。

　このことは，本来，我が国の学校教育が大切にしてきたことであるものの，教師の世代交代が進むと同時に，学校内における教師の世代間のバランスが変化し，教育に関わる様々な経験や知見をどのように継承していくかが課題となり，また，子供たちを取り巻く環境の変化により学校が抱える課題も複雑化・困難化する中で，これまでどおり学校の工夫だけにその実現を委ねることは困難になってきている。

　こうした状況を踏まえ，平成26年11月には，文部科学大臣から新しい時代にふさわしい学習指導要領等の在り方について中央教育審議会に諮問を行った。中央教育審議会においては，2年1か月にわたる審議の末，平成28年12月21日に「幼稚園，小学校，中学校，高等学校及び特別支援学校の学習指導要領等の改善及び必要な方策等について（答申）」（以下「中央教育審議会答申」という。）

を示した。

　中央教育審議会答申においては，"よりよい学校教育を通じてよりよい社会を創る"という目標を学校と社会が共有し，連携・協働しながら，新しい時代に求められる資質・能力を子供たちに育む「社会に開かれた教育課程」の実現を目指し，学習指導要領等が，学校，家庭，地域の関係者が幅広く共有し活用できる「学びの地図」としての役割を果たすことができるよう，次の6点にわたってその枠組みを改善するとともに，各学校において教育課程を軸に学校教育の改善・充実の好循環を生み出す「カリキュラム・マネジメント」の実現を目指すことなどが求められた。

① 「何ができるようになるか」（育成を目指す資質・能力）
② 「何を学ぶか」（教科等を学ぶ意義と，教科等間・学校段階間のつながりを踏まえた教育課程の編成）
③ 「どのように学ぶか」（各教科等の指導計画の作成と実施，学習・指導の改善・充実）
④ 「子供一人一人の発達をどのように支援するか」（子供の発達を踏まえた指導）
⑤ 「何が身に付いたか」（学習評価の充実）
⑥ 「実施するために何が必要か」（学習指導要領等の理念を実現するために必要な方策）

　これを踏まえ，平成29年3月31日に学校教育法施行規則を改正するとともに，幼稚園教育要領，小学校学習指導要領及び中学校学習指導要領を公示した。小学校学習指導要領は，平成30年4月1日から第3学年及び第4学年において外国語活動を実施する等の円滑に移行するための措置（移行措置）を実施し，平成32年4月1日から全面実施することとしている。また，中学校学習指導要領は，平成30年4月1日から移行措置を実施し，平成33年4月1日から全面実施することとしている。

⑵　改訂の基本方針

　今回の改訂は中央教育審議会答申を踏まえ，次の基本方針に基づき行った。

①　今回の改訂の基本的な考え方

　ア　教育基本法，学校教育法などを踏まえ，これまでの我が国の学校教育の実践や蓄積を生かし，子供たちが未来社会を切り拓くための資質・能力を一層確実に育成することを目指す。その際，子供たちに求められる資質・能力とは何かを社会と共有し，連携する「社会に開かれた教育課程」を重視すること。

　イ　知識及び技能の習得と思考力，判断力，表現力等の育成のバランスを重

視する平成 20 年改訂の学習指導要領の枠組みや教育内容を維持した上で，知識の理解の質を更に高め，確かな学力を育成すること。

ウ　先行する特別教科化など道徳教育の充実や体験活動の重視，体育・健康に関する指導の充実により，豊かな心や健やかな体を育成すること。

②　育成を目指す資質・能力の明確化

中央教育審議会答申においては，予測困難な社会の変化に主体的に関わり，感性を豊かに働かせながら，どのような未来を創っていくのか，どのように社会や人生をよりよいものにしていくのかという目的を自ら考え，自らの可能性を発揮し，よりよい社会と幸福な人生の創り手となる力を身に付けられるようにすることが重要であること，こうした力は全く新しい力ということではなく学校教育が長年その育成を目指してきた「生きる力」であることを改めて捉え直し，学校教育がしっかりとその強みを発揮できるようにしていくことが必要とされた。また，汎用的な能力の育成を重視する世界的な潮流を踏まえつつ，知識及び技能と思考力，判断力，表現力等をバランスよく育成してきた我が国の学校教育の蓄積を生かしていくことが重要とされた。

このため「生きる力」をより具体化し，教育課程全体を通して育成を目指す資質・能力を，ア「何を理解しているか，何ができるか（生きて働く「知識・技能」の習得）」，イ「理解していること・できることをどう使うか（未知の状況にも対応できる「思考力・判断力・表現力等」の育成）」，ウ「どのように社会・世界と関わり，よりよい人生を送るか（学びを人生や社会に生かそうとする「学びに向かう力・人間性等」の涵養）」の三つの柱に整理するとともに，各教科等の目標や内容についても，この三つの柱に基づく再整理を図るよう提言がなされた。

今回の改訂では，知・徳・体にわたる「生きる力」を子供たちに育むために「何のために学ぶのか」という各教科等を学ぶ意義を共有しながら，授業の創意工夫や教科書等の教材の改善を引き出していくことができるようにするため，全ての教科等の目標及び内容を「知識及び技能」，「思考力，判断力，表現力等」，「学びに向かう力，人間性等」の三つの柱で再整理した。

③　「主体的・対話的で深い学び」の実現に向けた授業改善の推進

子供たちが，学習内容を人生や社会の在り方と結び付けて深く理解し，これからの時代に求められる資質・能力を身に付け，生涯にわたって能動的に学び続けることができるようにするためには，これまでの学校教育の蓄積を生かし，学習の質を一層高める授業改善の取組を活性化していくことが必要であ

り，我が国の優れた教育実践に見られる普遍的な視点である「主体的・対話的で深い学び」の実現に向けた授業改善（アクティブ・ラーニングの視点に立った授業改善）を推進することが求められる。

今回の改訂では「主体的・対話的で深い学び」の実現に向けた授業改善を進める際の指導上の配慮事項を総則に記載するとともに，各教科等の「第3　指導計画の作成と内容の取扱い」において，単元や題材など内容や時間のまとまりを見通して，その中で育む資質・能力の育成に向けて，「主体的・対話的で深い学び」の実現に向けた授業改善を進めることを示した。

その際，以下の6点に留意して取り組むことが重要である。

ア　児童生徒に求められる資質・能力を育成することを目指した授業改善の取組は，既に小・中学校を中心に多くの実践が積み重ねられており，特に義務教育段階はこれまで地道に取り組まれ蓄積されてきた実践を否定し，全く異なる指導方法を導入しなければならないと捉える必要はないこと。

イ　授業の方法や技術の改善のみを意図するものではなく，児童生徒に目指す資質・能力を育むために「主体的な学び」，「対話的な学び」，「深い学び」の視点で，授業改善を進めるものであること。

ウ　各教科等において通常行われている学習活動（言語活動，観察・実験，問題解決的な学習など）の質を向上させることを主眼とするものであること。

エ　1回1回の授業で全ての学びが実現されるものではなく，単元や題材など内容や時間のまとまりの中で，学習を見通し振り返る場面をどこに設定するか，グループなどで対話する場面をどこに設定するか，児童生徒が考える場面と教師が教える場面をどのように組み立てるかを考え，実現を図っていくものであること。

オ　深い学びの鍵として「見方・考え方」を働かせることが重要になること。各教科等の「見方・考え方」は，「どのような視点で物事を捉え，どのような考え方で思考していくのか」というその教科等ならではの物事を捉える視点や考え方である。各教科等を学ぶ本質的な意義の中核をなすものであり，教科等の学習と社会をつなぐものであることから，児童生徒が学習や人生において「見方・考え方」を自在に働かせることができるようにすることにこそ，教師の専門性が発揮されることが求められること。

カ　基礎的・基本的な知識及び技能の習得に課題がある場合には，その確実な習得を図ることを重視すること。

④　各学校におけるカリキュラム・マネジメントの推進

各学校においては，教科等の目標や内容を見通し，特に学習の基盤となる資

質・能力（言語能力，情報活用能力（情報モラルを含む。以下同じ。），問題発見・解決能力等）や現代的な諸課題に対応して求められる資質・能力の育成のためには，教科等横断的な学習を充実することや，「主体的・対話的で深い学び」の実現に向けた授業改善を，単元や題材など内容や時間のまとまりを見通して行うことが求められる。これらの取組の実現のためには，学校全体として，児童生徒や学校，地域の実態を適切に把握し，教育内容や時間の配分，必要な人的・物的体制の確保，教育課程の実施状況に基づく改善などを通して，教育活動の質を向上させ，学習の効果の最大化を図るカリキュラム・マネジメントに努めることが求められる。

このため総則において，「児童や学校，地域の実態を適切に把握し，教育の目的や目標の実現に必要な教育の内容等を教科等横断的な視点で組み立てていくこと，教育課程の実施状況を評価してその改善を図っていくこと，教育課程の実施に必要な人的又は物的な体制を確保するとともにその改善を図っていくことなどを通して，教育課程に基づき組織的かつ計画的に各学校の教育活動の質の向上を図っていくこと（以下「カリキュラム・マネジメント」という。）に努める」ことについて新たに示した。

⑤　教育内容の主な改善事項

このほか，言語能力の確実な育成，理数教育の充実，伝統や文化に関する教育の充実，体験活動の充実，外国語教育の充実などについて総則や各教科等において，その特質に応じて内容やその取扱いの充実を図った。

●2　家庭科改訂の趣旨及び要点

(1)　改訂の趣旨

中央教育審議会答申において，学習指導要領等改訂の基本的な方向性が示されるとともに，各教科等における改訂の具体的な方向性も示されている。今回の小学校家庭科の改訂は，これらを踏まえて行われたものである。

答申の中で，小学校家庭科の内容の見直しについては，次のように述べられている。

ア　平成20年改訂の学習指導要領の成果と課題を踏まえた家庭科，技術・家庭科の目標の在り方

家庭科，技術・家庭科家庭分野においては，普段の生活や社会に出て役立つ，将来生きていく上で重要であるなど，児童生徒の学習への関心や有用感が高い

などの成果が見られる。一方，家庭生活や社会環境の変化によって家庭や地域の教育機能の低下等も指摘される中，家族の一員として協力することへの関心が低いこと，家族や地域の人々と関わること，家庭での実践や社会に参画することが十分ではないことなどに課題が見られる。また，家族・家庭生活の多様化や消費生活の変化等に加えて，グローバル化や少子高齢社会の進展，持続可能な社会の構築等，今後の社会の急激な変化に主体的に対応することが求められる。

　資質・能力については，実践的・体験的な学習活動を通して，家族・家庭，衣食住，消費や環境等についての科学的な理解を図り，それらに係る技能を身に付けるとともに，生活の中から問題を見いだして課題を設定し，それを解決する力や，よりよい生活の実現に向けて，生活を工夫し創造しようとする態度等を育成することを基本的な考え方とする。

イ　具体的な改善事項
(ア)　指導内容の示し方の改善
　家庭科，技術・家庭科家庭分野の指導内容については，次の3点から示し方を改善することが求められる。
　第一には，小・中・高等学校の内容の系統性の明確化である。児童生徒の発達を踏まえ，小・中・高等学校の各内容の接続が見えるように，小・中学校においては，「家族・家庭生活」，「衣食住の生活」，「消費生活と環境」に関する三つの枠組みに整理することが適当である。また，この枠組みは，「生活の営みに係る見方・考え方」も踏まえたものである。
　第二には，空間軸と時間軸という二つの視点からの学校段階に応じた学習対象の明確化である。空間軸の視点では，家庭，地域，社会という空間的な広がりから，時間軸の視点では，これまでの生活，現在の生活，これからの生活，生涯を見通した生活という時間的な広がりから学習対象を捉えて指導内容を整理することが適当である。
　第三には，学習過程を踏まえた改善である。生活の中から問題を見いだし，課題を設定し，解決方法を検討し，計画，実践，評価・改善するという一連の学習過程を重視し，この過程を踏まえて基礎的な知識・技能の習得に係る内容や，それらを活用して思考力・判断力・表現力等の育成に係る内容について整理することが適当である。
(イ)　教育内容の見直し
　今後の社会を担う子供たちには，グローバル化，少子高齢化，持続可能な社会の構築等の現代的な諸課題を適切に解決できる能力が求められること

から，家庭科，技術・家庭科においては，学校種ごとに次のような教育内容の見直しを図ることが必要である。

　小学校家庭科については，「家族・家庭生活」，「衣食住の生活」，「消費生活と環境」に関する三つの内容で構成する。家族の一員として家庭の仕事に協力するなど，家庭生活を大切にする心情を育むための学習活動や，家族や地域の異世代の人々と関わるなど，人とよりよく関わる力を育成するための学習活動，食育を一層推進するための食事の役割や栄養・調理に関する学習活動を充実する。また，消費生活や環境に配慮した生活の仕方に関する内容を充実するとともに，他の内容との関連を図り，実践的な学習活動を一層充実する。さらに，主として衣食住の生活において，日本の生活文化の大切さに気付く学習活動を充実する。

　学習した知識・技能を実生活で活用するために，家庭や地域と連携を図った生活の課題と実践に関する指導事項を設定することや，基礎的な知識・技能を確実に身に付けるために，一部の題材を指定することも考えられる。

⑵　改訂の要点

　中央教育審議会答申に示された学習指導要領改訂の基本的な方向性及び各教科等における改訂の具体的な方向性を踏まえ，家族・家庭生活の多様化や消費生活の変化等に加えて，グローバル化や少子高齢化の進展，持続可能な社会の構築等，今後の社会の急激な変化に主体的に対応することができる資質・能力の育成を目指して，目標及び内容について，次のように改善を図っている。

ア　目標の改善

　教科の目標については，今回の改訂の基本方針を踏まえ，育成を目指す資質・能力を三つの柱により明確にし，全体に関わる目標を柱書として示すとともに，⑴として「知識及び技能」を，⑵として「思考力，判断力，表現力等」を，⑶として「学びに向かう力，人間性等」の目標を示すこととした。

　また，⑴から⑶までに示す資質・能力の育成を目指すに当たり，質の高い深い学びを実現するために，家庭科の特質に応じた物事を捉える視点や考え方（見方・考え方）を働かせることについて示すこととした。

　具体的には，次のように目標を改めた。

（小学校家庭科）

　生活の営みに係る見方・考え方を働かせ，衣食住などに関する実践的・体験的な活動を通して，生活をよりよくしようと工夫する資質・能力を次のとおり育成することを目指す。

2
家庭科改訂
の趣旨及び
要点

(1) 家族や家庭，衣食住，消費や環境などについて，日常生活に必要な基礎的な理解を図るとともに，それらに係る技能を身に付けるようにする。

(2) 日常生活の中から問題を見いだして課題を設定し，様々な解決方法を考え，実践を評価・改善し，考えたことを表現するなど，課題を解決する力を養う。

(3) 家庭生活を大切にする心情を育み，家族や地域の人々との関わりを考え，家族の一員として，生活をよりよくしようと工夫する実践的な態度を養う。

目標の柱書に示した「見方・考え方」は，内容等によって重点の置き方が変わったり異なる視点を用いたりする場合があるが，基本的には次のように整理した。

「生活の営みに係る見方・考え方」

　家族や家庭，衣食住，消費や環境などに係る生活事象を，協力・協働，健康・快適・安全，生活文化の継承・創造，持続可能な社会の構築等の視点で捉え，よりよい生活を営むために工夫すること。

　なお，学年の目標については，これまで第5学年と第6学年をまとめて，家庭科で育成する資質・能力について三つの側面（家庭生活への関心，知識及び技能の習得と活用，家庭生活をよりよくしようとする実践的な態度）から具体的に示していたが，今回の改訂では，これらを整理し，教科の目標としてまとめて示すこととした。

イ　内容の改善

　内容については，項目ごとに，育成する資質・能力を三つの柱に沿って示すことが基本であるが，特に「学びに向かう力，人間性等」については，教科目標においてまとめて示すこととした。また，内容構成や履修については，以下のように改善を図っている。

(ア)　内容構成の改善

　今回の改訂では，小・中・高等学校の内容の系統性を明確にし，各内容の接続が見えるように，小・中学校においては，従前のA，B，C，Dの四つの内容を「A家族・家庭生活」，「B衣食住の生活」，「C消費生活・環境」の三つの内容としている。A，B，Cのそれぞれの内容は，生活の営みに係る見方・考え方に示した主な視点が共通している。

　また，これらの三つの内容は，空間軸と時間軸の視点から学校段階別に学習対象を整理している。小学校における空間軸の視点は，主に自己と家庭，時間軸の視点は，現在及びこれまでの生活である。

さらに，資質・能力を育成する学習過程を踏まえ，各項目は，原則として「知識及び技能」の習得と，「思考力，判断力，表現力等」の育成に係る二つの指導事項ア，イで構成している。

(イ) 履修についての改善

内容の「A家族・家庭生活」の(1)のアについては，第4学年までの学習を踏まえ，2学年間の学習の見通しをもたせるためのガイダンスとして，第5学年の最初に履修させるとともに，生活の営みに係る見方・考え方について触れ，「A家族・家庭生活」，「B衣食住の生活」，「C消費生活・環境」の学習と関連させて扱うこととしている。また，内容の「A家族・家庭生活」の(4)については，実践的な活動を家庭や地域などで行うことができるよう配慮し，2学年間で一つ又は二つの課題を設定して履修させることとしている。

(ウ) 社会の変化への対応

○ 家族・家庭生活に関する内容の充実

少子高齢社会の進展に対応して，家族や地域の人々とよりよく関わる力を育成するために，「A家族・家庭生活」においては，幼児又は低学年の児童，高齢者など異なる世代の人々との関わりに関する内容を新設している。

○ 食育の推進に関する内容の充実

生活や学習の基盤となる食育を一層推進するために，「B衣食住の生活」の食生活に関する内容を中学校との系統性を図り，食事の役割，調理の基礎，栄養を考えた食事で構成し，基礎的・基本的な知識及び技能を確実に習得できるようにしている。

○ 日本の生活文化に関する内容の充実

グローバル化に対応して，日本の生活文化の大切さに気付くことができるようにするために，「B衣食住の生活」においては，和食の基本となるだしの役割や季節に合わせた着方や住まい方など，日本の伝統的な生活について扱うこととしている。

○ 自立した消費者の育成に関する内容の充実

持続可能な社会の構築に対応して，自立した消費者を育成するために，「C消費生活・環境」においては，中学校との系統性を図り，「買物の仕組みや消費者の役割」に関する内容を新設するとともに，他の内容と関連を図り，消費生活や環境に配慮した生活の仕方に関する内容の改善を図っている。

(エ) 基礎的・基本的な知識及び技能の確実な定着を図るための内容の充実

生活の科学的な理解を深め，生活の自立の基礎を培う基礎的・基本的な知

識及び技能の習得を図るために，実践的・体験的な活動を一層重視するとともに，調理及び製作においては，一部の題材を指定することとしている。

(オ)　知識及び技能を実生活で活用するための内容の充実

　習得した知識及び技能などを実生活で活用するために，Aの内容に「家族・家庭生活についての課題と実践」を新設し，B，Cの内容と関連を図って一つ又は二つの課題を設定し，実践的な活動を家庭や地域などで行うなど，内容の改善を図っている。

(カ)　「生活の営みに係る見方・考え方」と関連を図るための内容の充実

　「A家族・家庭生活」の(1)「自分の成長と家族・家庭生活」のアで触れる「生活の営みに係る見方・考え方」における協力，健康・快適・安全及び持続可能な社会の構築等の視点と関連を図るため，「B衣食住の生活」及び「C消費生活・環境」における「働きや役割」に関する内容の改善を図っている。

小学校家庭科　新旧内容項目一覧

新（平成 29 年告示）	旧（平成 20 年告示）
A　家族・家庭生活	**A　家庭生活と家族**
(1)　自分の成長と家族・家庭生活 　ア　自分の成長の自覚，家庭生活と家族の大切さ，家族との協力 (2)　家庭生活と仕事 　ア　家庭の仕事と生活時間 　イ　家庭の仕事の計画と工夫 (3)　家族や地域の人々との関わり 　ア（ア）家族との触れ合いや団らん 　　（イ）地域の人々との関わり 　イ　家族や地域の人々との関わりの工夫 (4)　家族・家庭生活についての課題と実践 　ア　日常生活についての課題と計画，実践，評価	(1)　自分の成長と家族 　ア　成長の自覚，家庭生活と家族の大切さ (2)　家庭生活と仕事 　ア　家庭の仕事と分担 　イ　生活時間の工夫 (3)　家族や近隣の人々とのかかわり 　ア　家族との触れ合いや団らん 　イ　近隣の人々とのかかわり
B　衣食住の生活	**B　日常の食事と調理の基礎**
(1)　食事の役割 　ア　食事の役割と食事の大切さ，日常の食事の仕方 　イ　楽しく食べるための食事の仕方の工夫 (2)　調理の基礎 　ア（ア）材料の分量や手順，調理計画 　　（イ）用具や食器の安全で衛生的な取扱い，加熱用調理器具の安全な取扱い 　　（ウ）材料に応じた洗い方，調理に適した切り方，味の付け方，盛り付け，配膳及び後片付け 　　（エ）材料に適したゆで方，いため方 　　（オ）伝統的な日常食の米飯及びみそ汁の調理の仕方 　イ　おいしく食べるための調理計画及び調理の工夫 (3)　栄養を考えた食事 　ア（ア）体に必要な栄養素の種類と働き 　　（イ）食品の栄養的な特徴と組合せ 　　（ウ）献立を構成する要素，献立作成の方法 　イ　1食分の献立の工夫 (4)　衣服の着用と手入れ 　ア（ア）衣服の主な働き，日常着の快適な着方 　　（イ）日常着の手入れ，ボタン付け及び洗濯の仕方 　イ　日常着の快適な着方や手入れの工夫 (5)　生活を豊かにするための布を用いた製作 　ア（ア）製作に必要な材料や手順，製作計画 　　（イ）手縫いやミシン縫いによる縫い方，用具の安全な取扱い 　イ　生活を豊かにするための布を用いた物の製作計画及び製作の工夫 (6)　快適な住まい方 　ア（ア）住まいの主な働き，季節の変化に合わせた生活の大切さや住まい方 　　（イ）住まいの整理・整頓や清掃の仕方 　イ　季節の変化に合わせた住まい方，整理・整頓や清掃の仕方の工夫	(1)　食事の役割 　ア　食事の役割と日常の食事の大切さ 　イ　楽しく食事をするための工夫 (2)　栄養を考えた食事 　ア　体に必要な栄養素の種類と働き 　イ　食品の栄養的な特徴と組合せ 　ウ　1食分の献立 (3)　調理の基礎 　ア　調理への関心と調理計画 　イ　材料の洗い方，切り方，味の付け方，盛り付け，配膳及び後片付け 　ウ　ゆでたり，いためたりする調理 　エ　米飯及びみそ汁の調理 　オ　用具や食器の安全で衛生的な取扱い，こんろの安全な取扱い **C　快適な衣服と住まい** (1)　衣服の着用と手入れ 　ア　衣服の働きと快適な着方の工夫 　イ　日常着の手入れとボタン付け及び洗濯 (2)　快適な住まい方 　ア　住まい方への関心，整理・整頓及び清掃の仕方と工夫 　イ　季節の変化に合わせた生活の大切さ，快適な住まい方の工夫 (3)　生活に役立つ物の製作 　ア　形などの工夫と製作計画 　イ　手縫いやミシン縫いによる製作・活用 　ウ　用具の安全な取扱い
C　消費生活・環境	**D　身近な消費生活と環境**
(1)　物や金銭の使い方と買物 　ア（ア）買物の仕組みや消費者の役割，物や金銭の大切さ，計画的な使い方 　　（イ）身近な物の選び方，買い方，情報の収集・整理 　イ　身近な物の選び方，買い方の工夫 (2)　環境に配慮した生活 　ア　身近な環境との関わり，物の使い方 　イ　環境に配慮した物の使い方の工夫	(1)　物や金銭の使い方と買物 　ア　物や金銭の大切さ，計画的な使い方 　イ　身近な物の選び方，買い方 (2)　環境に配慮した生活の工夫 　ア　身近な環境とのかかわり，物の使い方の工夫

第2章　家庭科の目標及び内容

第1節　家庭科の目標

小学校家庭科の目標は次のとおりである。

　生活の営みに係る見方・考え方を働かせ，衣食住などに関する実践的・体験的な活動を通して，生活をよりよくしようと工夫する資質・能力を次のとおり育成することを目指す。

(1)　家族や家庭，衣食住，消費や環境などについて，日常生活に必要な基礎的な理解を図るとともに，それらに係る技能を身に付けるようにする。

(2)　日常生活の中から問題を見いだして課題を設定し，様々な解決方法を考え，実践を評価・改善し，考えたことを表現するなど，課題を解決する力を養う。

(3)　家庭生活を大切にする心情を育み，家族や地域の人々との関わりを考え，家族の一員として，生活をよりよくしようと工夫する実践的な態度を養う。

　この家庭科の目標は，教科で育成を目指す資質・能力を，(1)「知識及び技能」，(2)「思考力，判断力，表現力等」，(3)「学びに向かう力，人間性等」の三つの柱に沿って示したものである。

　生活の営みに係る見方・考え方を働かせとは，家庭科が学習対象としている家族や家庭，衣食住，消費や環境などに係る生活事象を，協力・協働，健康・快適・安全，生活文化の継承・創造，持続可能な社会の構築等の視点で捉え，生涯にわたって，自立し共に生きる生活を創造できるよう，よりよい生活を営むために工夫することを示したものである。

　なお，この「生活の営みに係る見方・考え方」に示される視点は，家庭科で扱う全ての内容に共通する視点であり，相互に関わり合うものである。したがって，児童の発達の段階を踏まえるとともに，取り上げる内容や題材構成等によって，いずれの視点を重視するのかを適切に定めることが大切である。例えば，家族・家庭生活に関する内容においては，主に「協力・協働」，衣食住の生活に関する内容においては，主に「健康・快適・安全」や「生活文化の継承・創造」，さらに，消費生活・環境に関する内容においては，主に「持続可能な社会の構築」の視点

から物事を捉え，考察することなどが考えられる。

小学校においては，「生活の営みに係る見方・考え方」のうち，「協力・協働」については「家族や地域の人々との協力」，「生活文化の継承・創造」については「生活文化の大切さに気付くこと」を視点として扱うことが考えられる。

衣食住などに関する実践的・体験的な活動を通してとは，家庭科における学習方法の特質を述べたものである。具体的には，衣食住や家族の生活などの家庭生活に関する内容を主な学習対象として，調理，製作等の実習や観察，調査，実験などの実践的・体験的な活動を通して，実感を伴って理解する学習を展開することを示している。

家庭科では，生命の維持や心身の成長発達などに関わる人間の基本的な営みが行われる家庭生活を主な学習対象としているので，家庭生活に関わりの深い人やもの，環境などとの関連を図りながら，食べることや着ること，住まうことなどを扱うことになる。

これらに関する実践的・体験的な活動を通して，具体的な学習を展開することにより，基礎的・基本的な知識及び技能を確実に身に付けるとともに，知識及び技能を活用して，身近な生活の課題を解決したり，家庭や地域で実践したりできるようにすることを目指している。

生活をよりよくしようと工夫する資質・能力とは，家庭科の学習で育成を目指す資質・能力（「何ができるようになるか」）であり，生涯にわたって健康で豊かな生活を送るための自立の基礎として必要なものについて示したものである。

今回の改訂では，育成を目指す資質・能力は三つの柱に沿って示されており，これらが偏りなく実現できるようにすることが大切である。そのため，家庭科の学習では，実生活と関連を図った問題解決的な学習を効果的に取り入れ，これら三つの柱を相互に関連させることにより，教科全体の資質・能力を育成することが重要である。

---

(1) 家族や家庭，衣食住，消費や環境などについて，日常生活に必要な基礎的な理解を図るとともに，それらに係る技能を身に付けるようにする。

---

(1)の目標は，学習内容として主に家庭生活に焦点を当て，家族や家庭，衣食住，消費や環境などに関する内容を取り上げ，日常生活に必要な基礎的な理解を図るとともに，それらに係る技能を身に付け，生活における自立の基礎を培うことについて示している。

日常生活に必要な基礎的な理解を図るとは，家庭科で習得する日常生活に必要な知識が，個別の事実的な知識だけではなく，児童が学ぶ過程の中で，既存の知

識や生活経験と結び付けられ，家庭科における学習内容の本質を深く理解するための概念として習得され，家庭や地域などにおける様々な場面で活用されることを意図している。

それらに係る技能を身に付けるについても同様に，一定の手順や段階を追って身に付く個別の技能だけではなく，それらが自分の経験や他の技能と関連付けられ，変化する状況や課題に応じて主体的に活用できる技能として習熟・定着することを意図している。

今回の改訂では，小・中・高等学校の内容の系統性をより重視して，小学校，中学校ともに三つの内容としている。小学校で指導する「知識及び技能」が，中学校及び高等学校の学習に発展していくものとして意識し，確実に定着できるようにすることを目指している。小学校で習得することを目指す日常生活に必要とされる家族や家庭，衣食住，消費や環境などに関する「知識及び技能」は，生涯の生活における自立の基礎を培い，日常生活に応用・発展できるもの，生活における工夫・創造につながるものとして，健康で豊かな生活をするために必要なものである。

これらの「知識及び技能」を習得するに当たっては，実践的・体験的な活動を重視した学習を通して，児童一人一人のよさや個性を生かしながら身に付けるようにすることが大切である。

> (2) 日常生活の中から問題を見いだして課題を設定し，様々な解決方法を考え，実践を評価・改善し，考えたことを表現するなど，課題を解決する力を養う。

(2)の目標は，次のような学習過程を通して，習得した「知識及び技能」を活用し，「思考力，判断力，表現力等」を育成することにより，課題を解決する力を養うことを明確にしたものである。（学習過程の参考例を次ページに図示する。）

日常生活の中から問題を見いだして課題を設定しとは，既習の知識及び技能や生活経験を基に生活を見つめることを通して，日常生活の中から問題を見いだし，解決すべき課題を設定する力を育成することについて示したものである。

様々な解決方法を考えとは，課題解決の見通しをもって計画を立てる際，生活課題について自分の生活経験と関連付け，様々な解決方法を考える力を育成することについて示したものである。その際，他者の思いや考えを聞いたり，自分の考えを分かりやすく伝えたりして計画について評価・改善し，よりよい方法を判断・決定できるようにする。

実践を評価・改善し，考えたことを表現するとは，調理や製作等の実習，調査，

交流活動等を通して，課題の解決に向けて実践した結果を振り返り，考えたことを発表し合い，他者からの意見を踏まえて改善方法を考えるなど，実践活動を評価・改善する力を育成することについて示したものである。その際，自分の考えを根拠や理由を明確にして分かりやすく説明したり，発表したりできるようにする。

このような一連の学習過程を通して，児童が課題を解決できた達成感や，実践する喜びを味わい，次の学習に主体的に取り組むことができるようにする。

また，2学年間を見通して，このような学習過程を工夫した題材を計画的に配列し，課題を解決する力を養うことが大切である。

なお，この学習過程は，児童の状況や題材構成等に応じて異なることに留意する必要がある。また，家庭や地域での実践についても一連の学習過程として位置付けることが考えられる。

家庭科，技術・家庭科(家庭分野)の学習過程の参考例

生活の課題発見	解決方法の検討と計画		課題解決に向けた実践活動	実践活動の評価・改善		家庭・地域での実践
既習の知識及び技能や生活経験を基に生活を見つめ，生活の中から問題を見いだし，解決すべき課題を設定する	生活に関わる知識及び技能を習得し，解決方法を検討する	解決の見通しをもち，計画を立てる	生活に関わる知識及び技能を活用して，調理・製作等の実習や，調査，交流活動などを行う	実践した結果を評価する	結果を発表し，改善策を検討する	改善策を家庭・地域で実践する

※上記に示す各学習過程は例示であり，上例に限定されるものではないこと

---

(3) 家庭生活を大切にする心情を育み，家族や地域の人々との関わりを考え，家族の一員として，生活をよりよくしようと工夫する実践的な態度を養う。

---

(3)の目標は，(1)及び(2)で身に付けた資質・能力を活用し，家庭生活を大切にする心情を育むとともに，家族や地域の人々と関わり，家庭生活をよりよくしようと工夫する実践的な態度を養うことを明確にしたものである。

家庭生活を大切にする心情を育みとは，家庭生活への関心を高め，衣食住を中心とした生活の営みを大切にしようとする意欲や態度を育むことについて示している。

このような意欲や態度は，具体的には次の三つの段階で深まっていくと考えられる。まず，第一には，衣食住などの実践的・体験的な活動を通して，家庭生活を構成している家族などの「人」や衣服や食物などの「もの」，「時間」，「金銭」

などの要素に関心をもつことである。第二には，家庭生活はこれらの要素が互いに関連し合って営まれていることに気付くことである。そこでは，衣食住に関する生活行為や仕事が自分と人や物などを結び付けていること，それぞれの家族の関わり方や生活の仕方があること，また，自分の生活の在り方が周囲に影響を与えていることなどについても気付くようにする。第三には，家庭生活の要素や生活の営み，そこで生活する家族との関わりなどへの関心が高まることにより，生活の営みには家族を支えるという大切な意味があることに気付くようにすることである。

これらの段階を通して，日々，繰り返し営まれる家庭生活の中で家族と共に自分が成長していることを自覚し，衣食住を中心とした生活の営みを大切にしようとする意欲や態度が育まれる。これらの意欲や態度は生涯にわたる家庭生活を支える基盤となるものである。

家族や地域の人々との関わりを考えとは，自分の生活は家族との協力や，地域の人々との関わりの中で成り立っていること，家庭生活は自分と家族との関係だけではなく，地域の人々と関わることでより豊かになることを理解した上で，よりよい生活を工夫して積極的に取り組むことができるようにすることについて述べている。

家族の一員としてとは，家庭生活を営む上で大切な構成員の一人という自覚をもち，進んで協力しようとする主体的な態度について述べたものである。児童の発達段階から，家庭生活の運営への参加は難しいが，自分の生活の自立を目指していくことを通して，家庭生活の営みに参加していくという関わり方を明確に示したものである。

生活をよりよくしようと工夫する実践的な態度とは，家族・家庭生活，衣食住の生活，消費生活・環境に関する日常生活の様々な問題を，協力，健康・快適・安全，生活文化の大切さへの気付き，持続可能な社会の構築等の視点で捉え，一連の学習過程を通して身に付けた力を，家庭生活をよりよくするために生かして実践しようとする態度について示したものである。このような実践的な態度は，家庭科で身に付けた力を家庭，地域から最終的に社会へとつなげ，社会を生き抜く力としていくために必要である。

なお，家庭科で養うことを目指す実践的な態度には，前述の家族や地域の人々と関わり，協力しようとする態度のほかに，日本の生活文化を大切にしようとする態度，生活を楽しもうとする態度なども含まれている。

第2章
家庭科の
目標及び
内容

第2節　家庭科の内容構成

●1　内容構成の考え方

　今回の改訂における内容の構成は，次の三つの考え方に基づいたものである。

　一つ目は，小・中・高等学校の内容の系統性の明確化である。児童生徒の発達を踏まえ，小・中・高等学校の各内容の接続が見えるように，小・中学校においては，「家族・家庭生活」，「衣食住の生活」，「消費生活・環境」に関する三つの枠組みに整理している。また，この枠組みは，生活の営みに係る見方・考え方も踏まえたものである。

　二つ目は，空間軸と時間軸の視点からの小・中・高等学校における学習対象の明確化である。空間軸の視点では，家庭，地域，社会という空間的な広がりから，時間軸の視点では，これまでの生活，現在の生活，これからの生活，生涯を見通した生活という時間的な広がりから学習対象を捉え，学校段階を踏まえて指導内容を整理している。

　三つ目は，学習過程を踏まえた育成する資質・能力の明確化である。生活の中から問題を見いだし，課題を設定し，解決方法を検討し，計画，実践，評価・改善するという一連の学習過程を重視し，この過程を踏まえて「知識及び技能」の習得に係る内容や，それらを活用して「思考力，判断力，表現力等」の育成に係る内容について整理している。

　また，今後の社会を担う子供たちに，グローバル化，少子高齢社会の進展，持続可能な社会の構築等の現代的な諸課題を適切に解決できる能力を育成できるよう指導内容を充実・改善している。

●2　内容の示し方

　上記の考え方を踏まえた内容の示し方の特色としては，次の点を挙げることができる。

① 　小・中学校の各内容の系統性の明確化

　　小・中学校ともに「A家族・家庭生活」，「B衣食住の生活」，「C消費生活・環境」の三つの内容とし，各内容及び各項目の指導が系統的に行えるようにしている。

② 　空間軸と時間軸の視点からの学習対象の明確化

　　小学校における空間軸の視点は，主に自己と家庭，時間軸の視点は，現在及びこれまでの生活である。

③　各内容の各項目で育成する資質・能力の明確化

　　各内容の各項目は，アとイの二つの指導事項で構成し，原則として，アは，「知識及び技能」の習得に係る事項，イは，アで習得した「知識及び技能」を活用して「思考力，判断力，表現力等」を育成することに係る事項としている。また，指導事項ア及びイは，学習過程を踏まえ，関連を図って取り扱うこととしている。

④　一部の題材の指定

　　生活の科学的な理解を深め，生活の自立の基礎を培う基礎的・基本的な知識及び技能の確実な習得を図るために，調理や製作における一部の題材を指定している。

　　「B衣食住の生活」の(2)「調理の基礎」のアの(エ)では，加熱操作が適切にできるようにするために，ゆでる材料として青菜やじゃがいもなどを扱うこととしている。また，「B衣食住の生活」の(5)「生活を豊かにするための布を用いた製作」では，ゆとりや縫いしろの必要性を理解するために，日常生活で使用する物を入れるための袋などの製作を扱うこととしている。

⑤　A(4)「家族・家庭生活についての課題と実践」の設定

　　家庭や地域と連携を図った「家族・家庭生活についての課題と実践」を新設し，日常生活の中から問題を見いだして課題を設定し，習得した知識及び技能などを活用して課題を解決する力と生活をよりよくしようと工夫する実践的な態度を養うこととしている。

⑥　「生活の営みに係る見方・考え方」と関連を図った内容の見直し

　　「B衣食住の生活」では，住まいの主な働き，「C消費生活・環境」では消費者の役割を新たな内容として扱うこととし，「A家族・家庭生活」の(1)「自分の成長と家族・家庭生活」のアで触れる「生活の営みに係る見方・考え方」における協力，健康・快適・安全及び持続可能な社会の構築等の視点との関連を図ることとしている。

⑦　社会の変化に対応した各内容の見直し

　ア　「A家族・家庭生活」においては，少子高齢社会の進展や家庭の機能が十分に果たされていないといった状況に対応して，幼児又は低学年の児童，高齢者など異なる世代の人々との関わりについても扱うこととしている。

　イ　「B衣食住の生活」においては，食育を一層推進するとともに，グローバル化に対応して，日本の生活文化の大切さに気付くことができるよう，和食の基本となるだしの役割や季節に合わせた着方や住まい方など，日本の伝統的な生活について扱うこととしている。

　ウ　「C消費生活・環境」においては，持続可能な社会の構築に対応して，

自立した消費者を育成するために，中学校との系統性に配慮し，買物の仕
組みや消費者の役割について扱うこととしている。

**2
家庭科の
内容構成**

第3節　家庭科の内容

● A　家族・家庭生活

「家族・家庭生活」の内容は，(1)「自分の成長と家族・家庭生活」，(2)「家庭生活と仕事」，(3)「家族や地域の人々との関わり」，(4)「家族・家庭生活についての課題と実践」の４項目で構成されている。

ここでは，課題をもって，家族や地域の人々と協力し，よりよい家庭生活に向けて考え，工夫する活動を通して，自分の成長を自覚し，衣食住などを中心とした生活の営みの大切さに気付くとともに，家族・家庭生活に関する知識及び技能を身に付け，日常生活の課題を解決する力を養い，家庭生活をよりよくしようと工夫する実践的な態度を育成することをねらいとしている。

このねらいを実現するため，(2)及び(3)の項目は，それぞれ指導事項ア及びイで構成されている。指導事項のアは，家族・家庭生活に関する「知識及び技能」について示したものである。指導事項のイは，「思考力，判断力，表現力等」について示したものであり，アで身に付けた「知識及び技能」を日常生活に活用できるようにすることを意図している。

なお，(1)及び(4)の項目は，指導事項アのみで構成されているが，(1)はガイダンスを含む項目，(4)は家庭や地域などで実践を行い，課題を解決する力を養う項目であることに留意する。

これらの四つの項目の冒頭では，次のように示している。

> 次の(1)から(4)までの項目について，課題をもって，家族や地域の人々と協力し，よりよい家庭生活に向けて考え，工夫する活動を通して，次の事項を身に付けることができるよう指導する。

これは，目標(2)に示す学習過程を踏まえ，課題をもって考え，工夫する活動を通して，指導事項ア及びイについて関連を図って取り扱うことを明確にしたものである。また，生活の営みに係る見方・考え方と関わって，「A家族・家庭生活」において考察する主な視点についても示している。

今回の改訂では，小・中・高等学校の内容の系統性を図り，少子高齢社会の進展に対応して，家族や地域の人々との関わりとして，幼児又は低学年の児童や高齢者など異なる世代の人々との関わりについても扱うこととし，中学校における幼児・高齢者に関する学習につなげるようにしている。また，(4)「家族・家庭生活についての課題と実践」を新設し，日常生活の中から問題を見いだして課題を

設定し，習得した知識及び技能を活用して様々な解決方法を考え，計画を立てて実践し，課題を解決する力と生活をよりよくしようと工夫する実践的な態度を育てることを意図している。

内容の指導に当たっては，(1)のアについては，第4学年までの学習を踏まえ，2学年間の学習の見通しをもたせるガイダンスとして第5学年の最初に履修させるとともに，「A家族・家庭生活」，「B衣食住の生活」，「C消費生活・環境」の学習と関連させるようにする。(4)については，実践的な活動を家庭や地域などで行うことができるよう配慮し，(2)又は(3)，「B衣食住の生活」，「C消費生活・環境」で学習した内容との関連を図り，2学年間で一つ又は二つの課題を設定できるようにする。

また，道徳科や総合的な学習の時間等との関連を考慮するとともに，中学校技術・家庭科との円滑な接続のために，基礎的・基本的な知識及び技能の確実な定着を図るよう配慮する。

なお，時代とともに家庭を取り巻く環境が変化していることから，これまで以上に家庭の状況を踏まえた十分な配慮が求められる。特に，児童によって家族構成や家庭生活の状況が異なることから，各家庭や児童のプライバシーを尊重し，配慮する必要がある。そのため，家庭の理解と協力を得て，個々の家庭の状況を十分把握した上で，一人一人の児童の実態を踏まえた適切な学習活動を行うようにする。

---

(1) 自分の成長と家族・家庭生活

　ア　自分の成長を自覚し，家庭生活と家族の大切さや家庭生活が家族の協力によって営まれていることに気付くこと。

（内容の取扱い）

　ア　(1)のアについては，AからCまでの各内容の学習と関連を図り，日常生活における様々な問題について，家族や地域の人々との協力，健康・快適・安全，持続可能な社会の構築等を視点として考え，解決に向けて工夫することが大切であることに気付かせるようにすること。

（指導計画の作成）

---

(2) 第2の内容の「A家族・家庭生活」から「C消費生活・環境」までの各項目に配当する授業時数及び各項目の履修学年については，児童や学校，

地域の実態等に応じて各学校において適切に定めること。その際,「A家族・家庭生活」の(1)のアについては,第4学年までの学習を踏まえ,2学年間の学習の見通しをもたせるために,第5学年の最初に履修させるとともに,「A家族・家庭生活」,「B衣食住の生活」,「C消費生活・環境」の学習と関連させるようにすること。

ここでは,これまでの自分の生活を振り返るとともに,AからCまでの各内容の学習と関連させ,自分の成長を自覚することを通して,家庭生活と家族の大切さや,家庭生活が家族の協力によって工夫して営まれていることに気付くことをねらいとしている。

指導計画の作成に当たっては,この項目を第5学年の最初に履修させ,第4学年までの学習を踏まえ,2学年間の学習の見通しをもつためのガイダンスとして取り扱い,家庭科の目標に挙げた生活の営みに係る見方・考え方の視点から家庭生活を見直すことができるようにする。また,AからCまでの各内容の学習においては,(1)のアで触れた生活の営みに係る家族や地域の人々との協力,健康・快適・安全,持続可能な社会の構築等の視点から,日常生活における様々な問題について考え工夫できるようにする。さらに,各内容の学習を振り返り,自分の成長を自覚することができるように,(1)のアは他の内容と関連を図って題材を構成,配列し,効果的な学習となるよう配慮する。

題材構成に当たっては,例えば,A(2)「家庭生活と仕事」や,「B衣食住の生活」の(2)「調理の基礎」,(5)「生活を豊かにするための布を用いた製作」などの学習と関連させ,児童が自分の成長を実感し,意欲的に学習に取り組めるようにすることなどが考えられる。

ア 自分の成長を自覚し,家庭生活と家族の大切さや家庭生活が家族の協力によって営まれていることに気付くこと。

自分の成長を自覚しについては,これまでの自分の生活を振り返ることによって,自分の成長は衣食住などの生活に支えられているとともに,その生活が家族に支えられてきたことに気付くことができるようにする。家族の一員として自分が成長していることに気付いたり,学習を通してできるようになった自分に喜びを感じたりすることは,学習に取り組む意欲を高める上でも重要なことである。

家庭生活と家族の大切さについては,衣食住,消費や環境に係る生活を営む場である家庭生活は,自分の成長を支え,家族の健康,快適で安全な生活を支えるために重要であることに気付くことができるようにする。また,その家庭生活は家族によって成り立っており,自分も家族を構成している大切な一人であること

が分かり，家族の大切さに気付くことができるようにする。

家庭生活が家族の協力によって営まれていることについては，健康，快適で安全な家庭生活は，家庭の仕事を協力して行うなど，家族の協力によって営まれていることに気付くことができるようにする。その際，日常生活の中から見いだした様々な問題について，健康・快適・安全，持続可能な社会の構築等を視点として解決に向けて工夫をすることが大切であることにも気付くようにする。

指導に当たっては，ガイダンスの学習の場合は，第４学年までの学習を振り返り，自分の成長は家族の理解や愛情に支えられていることに気付くことができるよう配慮する。例えば，小学校入学時からの自分を振り返り，自分の周りでどのような衣食住の生活が営まれていたか，それらは自分の成長にどのように関わってきたかについて話し合う活動が考えられる。その際，児童によって家族構成や家庭生活の状況が異なることから，各家庭や児童のプライバシーを尊重し，十分配慮しながら取り扱うようにする。また，２学年間で学習する内容に触れ，見通しをもたせるとともに，家庭科の目標に挙げた生活の営みに係る見方・考え方に触れるようにする。例えば，これからの学習を通して，どのような家庭生活を送りたいかなどについて考え，協力，健康・快適・安全，生活文化などの視点に気付かせたり，よりよい家庭生活の実現に向けて，できるようになりたいことなどを話し合ったりする活動が考えられる。

「Ａ家族・家庭生活」から「Ｃ消費生活・環境」の内容と関連させて題材を構成する場合は，例えば，学期や学年の終わりなど学習の区切りの時期に，実践記録などから学習の成果を振り返ることを通して，自分の成長への気付きが段階的に深まるようにすることなどが考えられる。このことは，継続していくことの大切さに気付いたり実践する意欲を高めたりする上で必要なことである。また，第６学年の終わりの学習においては，家庭生活をよりよくするための課題を中学校技術・家庭科の内容と結び付けて捉えられるようにし，中学校への円滑な接続を図るよう配慮する。

---

(2) 家庭生活と仕事

　ア　家庭には，家庭生活を支える仕事があり，互いに協力し分担する必要があることや生活時間の有効な使い方について理解すること。

　イ　家庭の仕事の計画を考え，工夫すること。

（内容の取扱い）

　イ　(2)のイについては，内容の「Ｂ衣食住の生活」と関連を図り，衣食住

に関わる仕事を具体的に実践できるよう配慮すること。

　ここでは，家庭生活と仕事について，課題をもって，家庭の仕事と生活時間に関する基礎的・基本的な知識を身に付け，家族の一員として生活時間の使い方を考え，家庭の仕事の計画を工夫することができるようにすることをねらいとしている。また，こうした学習を通して，家庭生活をよりよくしようと工夫する実践的な態度の育成を図ることが考えられる。

　題材構成に当たっては，「B衣食住の生活」の(1)，(2)，(3)の食生活に関する学習内容や，(4)，(5)の衣生活に関する学習内容，(6)の住生活に関する学習内容との関連を図り，衣食住に関わる仕事を実践し，家族に協力しようとする意欲を高めることが考えられる。

　この学習では，家庭との連携を図り，家庭での仕事を継続的に行うことにより，家庭生活について考えることができるようにすることが大切である。その際，児童によって家族構成や家庭生活の状況が異なることから，各家庭や児童のプライバシーを尊重し，十分配慮しながら取り扱うようにする。

　なお，家庭での実践が難しい場合には，実践の場を学校に求めるなどの配慮をすることで，児童が安心して学習に取り組み，自分の家庭生活を見つめることができるようにする。

ア　家庭には，家庭生活を支える仕事があり，互いに協力し分担する必要があることや生活時間の有効な使い方について理解すること。

　ここでは，家庭には衣食住や家族に関する仕事があり，自分や家族の生活を支えていることが分かるとともに，家族が協力し分担する必要があることや生活時間の有効な使い方について理解できるようにする。

　家庭生活を支える仕事については，着たり食べたり住まうことに関わる仕事，家族に関する仕事等があり，家庭での生活は，それらの仕事の積み重ねによって，健康，快適で安全に営むことができることに気付くようにする。

　互いに協力し分担する必要があることについては，家族が互いの生活時間を工夫し，共に過ごしたり，仕事を分担したりするなど，協力し合って生活する必要があることについて理解できるようにする。また，協力することによって家族との触れ合いが充実し，家族への思いが深まることにも気付くようにする。さらに，家族の間で仕事の分担を工夫して実行することや，進んで家庭の仕事に関わっていくことが必要であることについて理解できるようにする。

　生活時間の有効な使い方については，生活時間が生活の中で行われている様々な活動に使われている時間であり，個人が自由に使う時間，食事や団らんなど家

族と共に過ごす時間，家庭の仕事など家族と協力する時間などがあることを理解できるようにする。また，生活時間の有効な使い方とは，時間に区切りを付けたり，計画的に使ったりするなど，時間を工夫して使うことであることを理解できるようにする。さらに，家族の生活時間を考えながら，自分の生活時間の使い方を工夫することによって，家庭生活が円滑に営まれることに気付くことができるようにする。

指導に当たっては，家庭の仕事の分担と生活時間の有効な使い方を関連付けて扱うよう配慮する。例えば，家庭の仕事については，家庭での家族の仕事を観察したり，インタビューしたりするなどの活動を取り入れることが考えられる。また，生活時間については，自分と家族の生活時間の使い方を比較するなどして，家族の生活や家庭の仕事と関連付けて，自分の生活時間の使い方を見直す活動などが考えられる。

イ　家庭の仕事の計画を考え，工夫すること。

ここでは，家庭の仕事についての課題を解決するために，ア及び「B衣食住の生活」で身に付けた基礎的・基本的な知識及び技能を活用し，家族との協力や，健康・快適・安全などの視点から，家庭の仕事の計画を考え，工夫することができるようにする。

家庭の仕事については，児童の身近な生活の中から問題を見いだし，課題を設定するようにする。課題を解決するための方法については，家庭の仕事の内容や手順を調べたり，家族に教えてもらったり，これまでの方法を振り返って発表し合ったりする活動などを通して，より効果的な家庭の仕事の仕方について検討できるようにする。その際，既習事項や自分の生活経験と関連付けて考え，適切な解決方法を選び，実践に向けて具体的に計画を考えることができるようにする。

実践の振り返りについては，計画どおりにできたこと，できなかったことなどを評価し，実践発表会などを通して，計画の改善点を提案したり，次の実践につなげたりすることができるようにする。

指導に当たっては，「B衣食住の生活」の内容との関連を図り，衣食住に関わる仕事の計画を立てたり，実践したことを評価・改善したりする際，グループや学級内で交流するなどの活動を工夫し，児童が考えを広げたり深めたりできるよう配慮する。また，衣食住に関わる仕事の実践を通して，課題を解決できた達成感や，実践する喜びを味わうことにより，自分の分担した仕事をその後の生活でも継続的に取り組むことができるようにする。例えば，衣食住や家族に関する仕事について，B(6)「快適な住まい方」の整理・整頓や清掃の仕方を取り上げ，効率よく整理・整頓や清掃を行うために，家族と協力して分担するための実践計画

を考え，工夫する活動などが考えられる。

なお，児童の家庭の状況に十分配慮し，家庭との連携を図るようにする。

---

(3) 家族や地域の人々との関わり

　ア　次のような知識を身に付けること。

　(ア)　家族との触れ合いや団らんの大切さについて理解すること。

　(イ)　家庭生活は地域の人々との関わりで成り立っていることが分かり，地域の人々との協力が大切であることを理解すること。

　イ　家族や地域の人々とのよりよい関わりについて考え，工夫すること。

（内容の取扱い）

　ウ　(3)については，幼児又は低学年の児童や高齢者など異なる世代の人々との関わりについても扱うこと。また，イについては，他教科等における学習との関連を図るよう配慮すること。

　ここでは，家族や地域の人々との関わりについて，課題をもって，家族との触れ合いや団らん及び地域の人々との協力の大切さを理解し，家族や地域の人々との関わりに関する基礎的・基本的な知識を身に付け，よりよい関わりを考え，工夫することができるようにすることをねらいとしている。

　この学習では，家族や地域の人々との関わりとして，幼児又は低学年の児童や高齢者など異なる世代の人々との関わりについても扱うこととしている。幼児又は低学年の児童や高齢者と交流することは，地域の人々とのつながりや信頼を深め，地域への親しみや愛着をもたらすなど，地域の中で共に生活するという視点から大切なことである。

　題材構成に当たっては，「B衣食住の生活」の(1)「食事の役割」，(2)「調理の基礎」と関連させて，家族との触れ合いや団らん，地域の人々との交流の機会にお茶を入れたり，果物や菓子などを供したりすることや，B(6)「快適な住まい方」と関連させて，生活音等を取り上げ，家族や地域の人々と共に快適に生活するための工夫を考え，実践することなどが考えられる。また，C(2)「環境に配慮した生活」と関連させて，地域の人々と共に地域で環境に配慮した生活ができるように，家庭生活において工夫し実践することなども考えられる。

　なお，児童によって家族構成や家庭生活の状況が異なることから，各家庭や児童のプライバシーを尊重し，十分配慮しながら取り扱うようにする。個々の家庭の状況を十分に把握した上で，家庭や地域の人々の理解と協力を得て，適切な学

習活動を行うようにする。

ア(ア)　家族との触れ合いや団らんの大切さについて理解すること。

　ここでは，日常生活の中で，家族に気持ちを伝えたり触れ合う場をもったりすることによって，家族相互のつながりが深まることが分かり，触れ合いや団らんの大切さについて理解できるようにする。

　家族との触れ合いや団らんの大切さについては，食事や家庭の仕事などを共にしたり，あいさつや会話を通してコミュニケーションを図ったりするなどの家族との触れ合いや，家族などと和やかな時を過ごす団らんは，毎日の生活の中で何気なく行っているが，家族とのつながりを深める重要な生活行為であることを理解できるようにする。また，家族とのつながりを深めるためには，普段何気なく過ごしている触れ合いや団らんの時間を楽しくする工夫をすることが大切であることに気付くようにする。その際，自分の思いがうまく伝わらなかったり，自分の考えを分かってもらえなかったりしたとき，自分の思いの表し方を工夫したり，相手の立場を理解したりすることが必要であることにも気付くようにする。

　なお，家族が直接触れ合うことだけではなく，例えば，手紙で思いを伝えたり，感謝の気持ちを表すために手作りの品にメッセージカードを添えたりするなど，家族がそろわなかったり触れ合う時間が十分なかったりしても心豊かな家庭生活を送るための工夫ができることに気付くようにする。

　指導に当たっては，家族との触れ合いや団らんは，家庭生活の状況によって様々な形が考えられることから，児童の家庭の状況に十分配慮しながら取り扱うようにする。また，児童が家族の一員としての存在を実感できるよう配慮する。

ア(イ)　家庭生活は地域の人々との関わりで成り立っていることが分かり，地域の人々との協力が大切であることを理解すること。

　ここでは，家庭生活が地域の人々と関わりをもちながら成り立っていることが分かり，幼児や高齢者など異なる世代の人々との関わりや地域の人々との協力が大切であることを理解できるようにする。

　家庭生活は地域の人々との関わりで成り立っていることについては，家庭生活が，家族の協力だけではなく，地域の人々との関わりで成り立っていることや関わりの大切さが分かるようにする。また，地域では幼児や高齢者など，様々な人々が生活しており，自分の生活にも関わりがあること，地域の人々との日常の関わりが，つながりや交流を深める上で大切であることが分かり，共に生活している地域の人々への思いやりの気持ちをもてるようにする。このことは，家族の人数が減ったり，高齢者が多くなったりする地域社会の中で，そこに住む様々な人々

3
家庭科の
内容

と共に協力し助け合って生活するために，ますます必要となることである。

地域の人々との協力が大切であることについては，快適で安全に生活するためには，地域の人々との関わりが必要であること，幼児や高齢者など，様々な人々と共に協力し助け合って生活することが大切であることについて理解できるようにする。その際，自分の生活が，多くの人々と関わって成り立っており，自分勝手では成り立たないことに気付くようにする。例えば，自分の生活の快適さを求めていくことが他の人の迷惑になったり，我慢しなければならなかったりする場合もあり，よりよい生活を築いていくためには，地域の人々と協力し助け合っていく必要があることに気付くようにする。

指導に当たっては，家庭や地域と積極的に連携を図り，具体的な場面から，家庭生活と地域とのつながりや地域の人々との協力の大切さについて気付くことができるよう配慮する。例えば，他教科等で行った交流活動等を振り返って，地域の人々との協力について話し合ったり，地域にはどのようなルールやマナーがあるのかを調べたりする活動などが考えられる。また，B(6)「快適な住まい方」との関連を図って，家族や地域の人々と快適に住まうために，生活の仕方によって発生する生活音等を取り上げて，自分の行動や生活を見直したりする活動などが考えられる。

イ　家族や地域の人々とのよりよい関わりについて考え，工夫すること。

ここでは，家族との触れ合いや団らん，地域の人々との関わりについての課題を解決するために，アで身に付けた基礎的・基本的な知識を活用し，家族や地域の人々との協力などの視点から，よりよい関わりについて考え，工夫することができるようにする。

家族とのよりよい関わりについては，家族との触れ合いや団らんについて問題を見いだし，課題を設定するようにする。課題を解決するための方法については，家族の生活時間を見直し，触れ合いや団らんの時間や場を生み出し楽しくする方法などについて検討できるようにする。

地域の人々とのよりよい関わりについては，児童の身近な生活の中から，地域で共に生活している幼児や高齢者など，異なる世代の人々との関わりについて問題を見いだし，課題を設定するようにする。課題を解決するための方法については，地域の人々との関係をよりよいものにするために，自分が協力できることなどについて検討できるようにする。

家族との触れ合いや団らん及び地域の人々との関わりのいずれの場合にも，解決方法については，既習事項や自分の生活経験と関連付けて考え，適切な解決方法を選び，実践に向けて具体的に計画を立てることができるようにする。

実践の振り返りについては，計画どおりにできたこと，できなかったことなどを評価し，実践発表会などを通して，計画の改善点などを提案したり，家族や地域の人々との関わりを更に深めるための実践につなげたりできるようにする。

指導に当たっては，家族との触れ合いや団らんについては，児童の家庭の状況に応じた方法で課題を解決することができるよう配慮する。また，地域の人々との関わりについては，身近な地域の活動や行事等を取り上げ，具体的に考えられるようにする。その際，総合的な学習の時間や特別活動など他教科等における交流活動等の学習と関連させて，幼児又は低学年の児童や高齢者など異なる世代の人々と関わることができるよう配慮する。

家族との触れ合いや団らんについては，例えば，会話や遊びなど家族と直接的な触れ合いができる場と時間を作り出し，家族にお茶を入れたり，果物や菓子などを供したりすることを計画するなど，楽しく和やかに過ごすために工夫する活動などが考えられる。

地域の人々との関わりについては，例えば，児童会活動における低学年の児童との交流活動の機会に，布を使って製作したものをプレゼントしたり，一緒に遊んだりすることを計画するなど，関わり方を工夫する活動などが考えられる。

---

(4) 家族・家庭生活についての課題と実践
　ア　日常生活の中から問題を見いだして課題を設定し，よりよい生活を考え，計画を立てて実践できること。

（指導計画の作成）

---

(3) 第2の内容の「A家族・家庭生活」の(4)については，実践的な活動を家庭や地域などで行うことができるよう配慮し，2学年間で一つ又は二つの課題を設定して履修させること。その際，「A家族・家庭生活」の(2)又は(3)，「B衣食住の生活」，「C消費生活・環境」で学習した内容との関連を図り，課題を設定できるようにすること。

ここでは，(2)又は(3)の学習を基礎とし，「B衣食住の生活」，「C消費生活・環境」で学習した内容との関連を図り，日常生活の中から問題を見いだして課題を設定し，様々な解決方法を考え，計画を立てて実践した結果を評価・改善し，考えたことを表現するなどの学習を通して，課題を解決する力と生活をよりよくしようと工夫する実践的な態度を養うことをねらいとしている。

指導計画の作成に当たっては，2学年間で一つ又は二つの課題を設定して履修

させるようにする。また，実践的な活動を家庭や地域などで行うことができるよう，学校や地域の行事等と関連付けて学期中のある時期に実施したり，長期休業などを活用して実施したりするなどの方法が考えられる。

この学習では，児童によって家庭生活の状況が異なることから，各家庭や児童のプライバシーを尊重し，十分配慮しながら取り扱うようにする。

なお，家庭や地域での実践が難しい場合には，実践の場を学校に求めるなどの配慮をすることで，児童が安心して学習に取り組み，自分の家庭生活を見つめることができるようにする。

ア　日常生活の中から問題を見いだして課題を設定し，よりよい生活を考え，計画を立てて実践できること。

日常生活の中から問題を見いだして課題を設定しについては，(2)「家庭生活と仕事」又は(3)「家族や地域の人々との関わり」の指導事項ア及びイで身に付けた知識や生活経験などを基に生活を見つめることを通して，問題を見いだし，児童の興味・関心等に応じて「B衣食住の生活」や「C消費生活・環境」で学習した内容と関連させて，課題を設定できるようにする。その際，これまでの学習の中で疑問に思ったことや更に探究したいこと，自分にできることなどを考え，生活の課題として設定できるようにする。

よりよい生活を考え，計画を立てて実践できることについては，課題の解決に向けて，設定した課題に関わり，これまでの学習で身に付けた知識及び技能などを活用して，計画を立てて，家族や地域の人々と関わりながら実践できるようにする。その際，どのような生活をしたいか，自分だけでなく家族や地域の人々にとってよりよい生活とはどのようなものなのかを考えることが大切である。

また，実践後は，課題解決に向けた一連の活動を振り返って評価し，更によりよい生活にするための新たな課題を見付け，家庭や地域での次の実践につなげることができるようにする。

指導に当たっては，日常生活を見直して課題を設定し，計画，実践，評価・改善という一連の学習過程を重視し，問題解決的な学習を進めるようにする。その際，個人又はグループで課題解決に取り組むことが考えられ，計画をグループで発表し合ったり，実践発表会を設けたりするなどの活動を工夫して，効果的に実践できるよう配慮する。

例えば，A(2)「家庭生活と仕事」と「B衣食住の生活」の(5)「生活を豊かにするための布を用いた製作」を関連させて，家族が互いに協力し合って家庭生活をよりよくすることを課題として設定し，家族が家庭の仕事をする際に役立つ物を，布を用いて製作する計画を立てて実践する活動などが考えられる。

また，A(3)「家族や地域の人々との関わり」と，「B衣食住の生活」の(2)「調理の基礎」及び「C消費生活・環境」の(1)「物や金銭の使い方と買物」との関連を図って，地域の高齢者や幼児，低学年の児童が参加する行事等で交流したり協力したりすることを課題として設定し，交流会に向けて簡単な調理をしたり，必要な材料などを購入したりする計画を立てて実践する活動なども考えられる。

　なお，家庭や地域と積極的に連携を図り，効果的な学習が進められるよう配慮するとともに，家庭や地域で実践する喜びを味わわせ，自信を育てるようにする。

3
家庭科の
内容

● B 衣食住の生活

　「衣食住の生活」の内容は，(1)「食事の役割」，(2)「調理の基礎」，(3)「栄養を考えた食事」，(4)「衣服の着用と手入れ」，(5)「生活を豊かにするための布を用いた製作」，(6)「快適な住まい方」の6項目で構成されている。このうち，(1)から(3)までは食生活，(4)及び(5)は衣生活，(6)は住生活に係る項目である。

　ここでは，課題をもって，健康・快適・安全で豊かな食生活，衣生活，住生活に向けて考え，工夫する活動を通して，食生活，衣生活，住生活に関する知識及び技能を身に付けるとともに，それらの課題を解決する力を養い，衣食住の生活をよりよくしようと工夫する実践的な態度を育成することをねらいとしている。

　このねらいを実現するため，(1)から(6)までの項目は，それぞれ指導事項ア及びイで構成されている。指導事項のアは，衣食住それぞれの生活に関する「知識及び技能」について示したものである。また，食生活，衣生活，住生活のいずれの内容においても，その役割や働きの理解から始まる構成としている。指導事項のイは，「思考力，判断力，表現力等」について示したものであり，アで身に付けた「知識及び技能」を日常生活で活用できるようにすることを意図している。

　これらの六つの項目の冒頭では，次のように示している。

　次の(1)から(6)までの項目について，課題をもって，健康・快適・安全で豊かな食生活，衣生活，住生活に向けて考え，工夫する活動を通して，次の事項を身に付けることができるよう指導する。

　これは，目標(2)に示す学習過程を踏まえ，課題をもって考え，工夫する活動を通して，指導事項ア及びイについて関連を図って取り扱うことを明確にしたものである。また，生活の営みに係る見方・考え方と関わって，「B衣食住の生活」において考察する主な視点についても示している。

　今回の改訂では，小・中・高等学校の内容の系統性及び学習対象の明確化を踏まえ，生活の自立の基礎として必要な衣食住に係る基礎的・基本的な知識及び技能を確実に身に付けることができるようにしている。また，食生活，衣生活，住生活を総合的に捉え，生活の営みに係る見方・考え方を働かせ，健康・快適・安全で豊かな生活を営む視点から，衣食住の生活に係る課題を解決する力を養い，日常生活において実践できるようにすることを意図している。

　内容の指導に当たっては，「A家族・家庭生活」，「C消費生活・環境」の内容と関連を図り，家庭生活を総合的に捉えることができるよう配慮する。衣食住の仕事に関する具体的な実践については，「A家族・家庭生活」の(2)「家庭生活と

仕事」との関連を図るとともに,「C消費生活・環境」の(2)「環境に配慮した生活」との関連を図り,環境に配慮した衣食住の生活について実践的に学習できるよう配慮する。

また,家庭や地域との連携を図り,児童が身に付けた知識及び技能などを日常生活に活用し,実践できるよう配慮する。その際,児童によって家庭生活の状況が異なることから,各家庭や児童のプライバシーを尊重し,十分配慮しながら取り扱うようにする。

さらに,中学校技術・家庭科との円滑な接続のために,基礎的・基本的な知識及び技能の確実な定着を図るよう配慮する。

3
家庭科の
内容

●食生活

「食生活」の内容は，(1)「食事の役割」，(2)「調理の基礎」，(3)「栄養を考えた食事」の3項目で構成されている。

ここでは，課題をもって，健康・安全で豊かな食生活に向けて考え，工夫する活動を通して，食事の役割，調理の基礎，栄養を考えた食事に関する知識及び技能を身に付け，食生活の課題を解決する力を養い，食生活をよりよくしようと工夫する実践的な態度を育成することをねらいとしている。

今回の改訂では，小学校と中学校の内容の系統性を図り，小・中学校ともに食事の役割，栄養・献立，調理の三つの内容としている。小学校において，(2)「調理の基礎」，(3)「栄養を考えた食事」としているのは，調理を通して食品を扱った後に，料理や食品をどのように組み合わせて食べるのかを学習することにより，栄養・献立の基礎を確実に習得できるようにすることを意図している。(1)の「食事の役割」の学習では，「A家族・家庭生活」の(1)のアで触れた健康などの視点と関連させて，食生活の大切さに気付かせるようにしている。また，調理に関する基礎的・基本的な知識及び技能の確実な習得を図るために，ゆで方については，一部の題材を指定している。さらに，米飯及びみそ汁の調理については，和食の基本となるだしの役割に触れるなど日本の伝統的な食文化の大切さにも気付くことができるようにしている。

内容の指導に当たっては，B(1)，(2)，(3)の項目を相互に関連させて取り扱うとともに，「A家族・家庭生活」，「C消費生活・環境」の内容と関連を図るよう配慮する。また，理科，体育科などの教科等や学校給食との関連を考慮するとともに，第4学年までの食に関する学習との関連を図り，家庭科の特質に応じて，食育の充実に資するよう配慮する。

---

(1) 食事の役割
ア　食事の役割が分かり，日常の食事の大切さと食事の仕方について理解すること。
イ　楽しく食べるために日常の食事の仕方を考え，工夫すること。

ここでは，食事の役割について，課題をもって，日常の食事の大切さについて理解し，食事の役割や食事の仕方に関する基礎的・基本的な知識を身に付け，楽しく食べるために日常の食事の仕方を工夫することができるようにすることをねらいとしている。

題材構成に当たっては，B(2)の調理実習やB(3)と関連させ，食事の大切さや役

割について考えさせたり，A(2)「家庭生活と仕事」と関連させて，家庭の食事づくりの実践を通して気付かせたりすることなどが考えられる。また，A(3)「家族や地域の人々との関わり」と関連させて，家族との触れ合いや団らんで楽しく食べるために必要な事柄について話し合うことなどが考えられる。

ア　食事の役割が分かり，日常の食事の大切さと食事の仕方について理解すること。

ここでは，食事の役割が分かり，日常の食事が大切であることや，日常の食事の仕方について理解できるようにする。

食事の役割については，食事は，健康を保ち，体の成長や活動のもとになることや，一緒に食事をすることで，人と楽しく関わったり，和やかな気持ちになったりすることなどについて理解できるようにする。また，規則正しい食事が生活のリズムをつくることや，朝食を食べることによって学習や活動のための体の準備ができることなどにも触れるようにする。

日常の食事の大切さと食事の仕方については，食事の役割を知ることで，日常の食事が大切であることについて理解できるようにする。食事の仕方については，はしの持ち方や食器の扱い方，食べるときの姿勢などに気を付けることや，人と共に食べるときには，食べる速さに配慮し，食事にふさわしい会話を考えるなど，楽しく食事をするために必要なマナーについて理解できるようにする。また，楽しく食事をするためには，食卓を工夫することも必要であることに気付くようにする。さらに，食事に対する感謝の気持ちを表すために，食事のあいさつをすること，供されたものを残さず食べるようにすることなどにも触れるようにする。

指導に当たっては，食事の役割や食事の仕方について話し合ったり，実践したりして，具体的に理解できるよう配慮する。例えば，家庭の食事や学校給食などについて振り返り，おいしかったことや楽しかったことを話し合ったり，なぜ食べるのかについて考えたりすることを通して，食事の役割を知り，日常の食事の大切さに気付くようにする。食事の仕方については，お茶の入れ方や供し方，調理実習の試食等を体験しながら，はしや食器の扱い方などの日常の食事に必要とされるマナーや食事の配膳の仕方を具体的に扱う活動などが考えられる。

なお，児童の家庭での食事の様子を取り上げる場合は，プライバシーに十分配慮する。

この学習では，体育科の第3学年及び第4学年における健康によい生活に関する学習や，第4学年までの食育に関する学習と関連を図るよう配慮する。

イ　楽しく食べるために日常の食事の仕方を考え，工夫すること。

　ここでは，日常の食事の仕方についての課題を解決するために，アで身に付けた基礎的・基本的な知識を活用し，楽しく食べるために，健康などの視点から食事の仕方を考え，工夫することができるようにする。

　日常の食事の仕方については，児童の日常の生活の中から，人と共に楽しく食べるためのマナーや食卓の工夫について問題を見いだし，課題を設定するようにする。課題を解決するための方法については，調理実習の試食や学校給食を振り返って食事の仕方について話し合ったり，家族との食事や団らんの実践についての意見交換をしたりすることなどを通して，楽しく食べるための工夫について検討できるようにする。その際，既習事項や自分の生活経験と関連付けて考え，適切な解決方法を選び，実践に向けて具体的に計画を立てることができるようにする。

　実践の振り返りについては，計画どおりにできたこと，できなかったこと，あるいは実践活動の中で考えたことなどを評価し，実践発表会などを通して，どのように改善したらよいかを考えることができるようにする。

　指導に当たっては，楽しく食べるための食事の仕方を考え，食事の計画を立てたり，実践したことを評価・改善したりする際，グループや学級内で交流するなどの活動を工夫し，児童が考えを広げたり深めたりできるよう配慮する。例えば，A(3)「家族や地域の人々との関わり」と関連させて，学校給食の時間に低学年の児童と共に楽しく食べるための計画を立て，自分の食事の仕方を自覚し，改善するために考え，工夫する活動などが考えられる。

　また，児童が課題を解決できた達成感や，実践する喜びを味わい，次の学習に主体的に取り組むことができるようにする。さらに，学校での学習を家庭での実践として展開できるようにするために，児童の家庭の状況に十分配慮し，家庭との連携を図るようにする。

---

　(2)　調理の基礎
　　ア　次のような知識及び技能を身に付けること。
　　(ア)　調理に必要な材料の分量や手順が分かり，調理計画について理解すること。
　　(イ)　調理に必要な用具や食器の安全で衛生的な取扱い及び加熱用調理器具の安全な取扱いについて理解し，適切に使用できること。
　　(ウ)　材料に応じた洗い方，調理に適した切り方，味の付け方，盛り付け，配膳及び後片付けを理解し，適切にできること。
　　(エ)　材料に適したゆで方，いため方を理解し，適切にできること。
　　(オ)　伝統的な日常食である米飯及びみそ汁の調理の仕方を理解し，適切

にできること。

イ　おいしく食べるために調理計画を考え，調理の仕方を工夫すること。

〔内容の取扱い〕

イ　(2)のアの(エ)については，ゆでる材料として青菜やじゃがいもなどを扱うこと。(オ)については，和食の基本となるだしの役割についても触れること。

（指導計画の作成）

(4)　第2の内容の「B衣食住の生活」の(2)及び(5)については，学習の効果を高めるため，2学年間にわたって取り扱い，平易なものから段階的に学習できるよう計画すること。

（実習の指導）

(3)　調理に用いる食品については，生の魚や肉は扱わないなど，安全・衛生に留意すること。また，食物アレルギーについても配慮すること。

　ここでは，ゆでたり，いためたりする調理や米飯及びみそ汁の調理について，課題をもって，調理に関する基礎的・基本的な知識及び技能を身に付け，おいしく食べるために調理計画を考え，調理の仕方を工夫することができるようにすることをねらいとしている。

　指導計画の作成に当たっては，学習の効果を高めるため，2学年間を見通した学習が展開できるように留意する。例えば，第5学年では，初めて調理をする児童もいることが考えられるので，無理なく調理できるものを扱い，一人一人が自信をもって意欲的に楽しく学習ができるよう配慮する。特に，ここで取り上げるゆでたり，いためたりする調理については，材料を変えたり調理法を組み合わせたりして，平易なものから段階的に題材を発展させながら定着を図ることが大切である。なお，調理に必要な材料の分量や手順を考えて調理の計画を立てて，切ったり，ゆでたり，いためたりして簡単なおかずを作ったり，米飯及びみそ汁を作ったりする学習により，2学年間を通して1食分の食事が整えられるようにする。

　実習題材については，ゆでる材料として青菜やじゃがいもなどを扱うようにする。また，みそ汁の調理については，和食の基本となるだしの役割についても触

れるようにする。

　題材構成に当たっては，B(1)，(3)の項目や，「A家族・家庭生活」及び「C消費生活・環境」の内容と関連を図ることが考えられる。例えば，B(3)の項目と関連させて，考えた献立の一部を実際に調理したり，調理で扱った食品を基に，B(3)の項目の食品の栄養的な特徴について学習したりすることなどが考えられる。また，A(3)「家族や地域の人々との関わり」やB(1)，(3)の項目と関連させて，食事や団らんを通して家族と楽しく関わるために，家族の好みなどを考えた献立を作成し，楽しく食事をするための工夫をするなどの実践的な学習として展開することが考えられる。さらに，調理に用いる食品についてC(1)「物や金銭の使い方と買物」と関連させて必要な材料を購入し準備したり，C(2)「環境に配慮した生活」との関連を図って調理したりすることなども考えられる。

　実習の指導に当たっては，第3の3(3)にあるように，調理に用いる食品は，安全・衛生に留意する必要がある。特に，生の魚や肉については調理の基礎的事項を学習しておらず，衛生的な取扱いが難しいので扱わないようにする。生の魚や肉を扱った調理は，中学校において行う。また，食物アレルギーを有する児童については，材料にアレルギーを引き起こす食品が含まれていないか，調理器具等に付着していないかなど，児童の状況に応じて，事故のないよう細心の注意を払う必要がある。

　なお，調理に用いる食品については，日常生活で手に入りやすく，調理の基礎的事項を学ぶ上で適切な食品として，米，野菜，いも類，卵などを扱うことが考えられる。児童の扱いやすさや地域の特産，季節，成長期にある児童の栄養などを考慮して選択するようにする。

　指導に当たっては，児童が直接材料に触れ，自ら調理することにより食への関心を高めたり，グループで協力して作業することの大切さ，調理したものを皆で食べる喜びや楽しさ，相手に供することにより感謝される喜びを感じたりするなど，調理のよさを実感できるようにするとともに，調理への自信をもたせ，日常生活に活用しようとする意欲につなげるよう配慮する。

　また，観察，実験，実習等を通して，調理に伴う食品の変化などについての理解を深めるとともに，体験したことを言葉や図表などを用いて表現したり，調理に関する言葉を実感を伴って理解したりする学習活動が充実するよう配慮する。さらに，家庭と連携して，身に付けた知識及び技能などを日常生活に活用できるよう配慮する。

ア(ア)　調理に必要な材料の分量や手順が分かり，調理計画について理解すること。

　ここでは，調理に必要な材料の分量や手順が分かり，手際よく調理を進めるた

めの調理計画について理解できるようにする。

　調理に必要な材料の分量や手順については，材料は，調理の目的に応じて食品の組合せや食べる人の好みを考えて選択し，必要な分量は，一人分の量から考えておよその量が分かるようにする。また，食品をおいしく調理するためには，材料や調味料を正しく計量して用いるようにする。そのため，材料に応じた方法で計量できるよう，計量スプーン，計量カップ，はかりなど計量器具の使い方を理解できるようにする。手順については，例えば，複数の料理を作るときには，でき上がりの時間を考えて，何をどのような手順で調理するかを考えたり，身支度などの準備，食卓の用意，後片付けの時期なども考えたりする必要があることを理解できるようにする。

　調理計画については，手際よく調理を進めるために，調理するものによって必要な材料や調理器具，調理の手順を考え，準備から後片付けまでを見通して時間配分をすることなどが必要であることを理解できるようにする。また，作業の流れやグループでの協力の仕方などについて計画を立て，それに基づいて調理することにより，効率よく作業ができることを理解できるようにする。

ア(イ)　調理に必要な用具や食器の安全で衛生的な取扱い及び加熱用調理器具の安全な取扱いについて理解し，適切に使用できること。

　ここでは，調理に必要な用具や食器を取り上げ，安全で衛生的な取扱いについて理解して適切に使用できるようにするとともに，加熱用調理器具の安全な取扱いについて理解し，適切に使用できるようにする。

　調理に必要な用具や食器の安全で衛生的な取扱いについては，包丁の安全な取扱いと食器やまな板，ふきんの衛生的な取扱いについて理解し，適切に使用できるようにする。例えば，包丁は相手に刃を向けて渡さないようにし，置く場所や置き方を工夫することや，まな板は水でぬらし，ふきんでふいてから使うこと，ふきんと台ふきんを区別して使うことなどについて理解し，適切にできるようにする。

　加熱用調理器具の安全な取扱いについては，実習で使用する加熱用調理器具の特徴が分かり，火傷の防止などに留意して，安全な取扱いができるようにする。また，加熱の仕方と関連させた火力について理解し，火力の調節ができるようにする。例えば，加熱用調理器具の取扱いについて，ガスこんろでは，周囲に燃えやすいものを置いていないか，換気をしているか，使用後に器具栓を閉めているかなどを確認できるようにする。IH クッキングヒーターでは，トッププレートに鍋やフライパンなどの用具以外のものを置いていないか，使用後に電源を切っているかなどを確認できるようにする。その際，IH クッキングヒーターでは，

使える鍋などの形状や材質がガスこんろの場合と異なることに触れるようにする。

ア(ウ)　材料に応じた洗い方，調理に適した切り方，味の付け方，盛り付け，配膳及び後片付けを理解し，適切にできること。

　ここでは，材料に応じた洗い方，調理や食べやすさに配慮した切り方，適度な味の付け方，おいしく見える盛り付け，適切な配膳及び後片付けを理解し，適切にできるようにする。

　材料に応じた洗い方については，食品の種類や調理の目的に応じた洗い方について理解し，適切にできるようにする。例えば，ほうれん草などの青菜は根や柄の付け根，葉のひだの部分に泥が付いている場合が多いことが分かり，水中で振り洗いをした後，流水で洗うことができるようにする。特に，生で食べるものは，衛生に留意して流水でよく洗うことができるようにする。

　調理に適した切り方については，包丁を使って切ったり，皮をむいたりすることができるようにする。また，形や大きさを整えることにより，熱の通りをよくしたり味をしみ込みやすくしたり食べやすくしたりするなど，目的に合った切り方について理解し，適切に切ることができるようにする。なお，初めのうちは，児童が扱いやすい野菜などを用いて，包丁の使い方に慣れさせるようにする。

　味の付け方については，食塩，しょうゆなどの塩味による味付けを中心として扱い，同じような料理でも味の付け方によって，味わいが違い，おいしく食べられることを理解できるようにする。特に食塩は，わずかな量の違いで味の濃さが異なることから，味見をするなどして，味を整えることができるようにする。

　盛り付けについては，どんな食器にどのように盛り付けるか，一人分ずつ盛り付けるか一皿にまとめて盛り付けるかなど，相手や目的に応じて工夫するとよいことを理解し，料理の分量や色どり，食べやすさを考えて，盛り付けることができるようにする。また，盛り付けによって，同じ料理でも食欲を喚起し，食事を楽しくするための雰囲気作りに役立つことに気付くようにする。

　配膳については，食器の位置に配慮し，例えば，米飯及びみそ汁，はしなどを配膳する際には，我が国の伝統的な配膳の仕方があることが分かり，適切に配膳できるようにする。

　後片付けについては，計画的に行うことの必要性が分かり，衛生的で環境に配慮した後片付けについて理解し，適切にできるようにする。環境に配慮した後片付けについては，調理をすることによって出たごみや残菜，油などを排水口に流さないようにしたり，適切に分別したりできるようにする。また，水や洗剤を必要以上に使用しないように，汚れを余り布や古紙などで拭き取ってから洗うようにする。さらに，仕事の能率だけでなく，次に使用する場合を考えて扱ったり，

保管したりすることの大切さについても気付くようにする。

　指導に当たっては，洗い方や切り方を示範する場合には，実物投影機やタブレット端末等の情報機器を活用して，手元がよく見えるよう配慮する。また，盛り付けや配膳については，B(1)のイと関連させたり，学校給食の時間なども活用したりして効果的な指導が行われるよう配慮する。

ア(エ)　材料に適したゆで方，いため方を理解し，適切にできること。

　ここでは，ゆでたり，いためたりする調理の仕方について理解し，材料や調理の目的に応じて適切に加熱操作ができるようにする。

　材料に適したゆで方については，硬い食品を柔らかくするなど，食べやすくおいしくするために目的に応じたゆで方があることを理解し，適切にゆでることができるようにする。ゆでる材料として青菜やじゃがいもなどを扱い，水からゆでるものと沸騰してからゆでるものがあることや，ゆでることによってかさが減るものは，多くの量を食べることができるなどの調理の特性を理解できるようにする。また，じゃがいもの芽や緑化した部分には，食中毒を起こす成分が含まれているので取り除く必要があることにも触れるようにする。

　材料に適したいため方については，フライパンなどで油を使い，かき混ぜながら加熱し，目的に応じたいため方があることを理解し，適切にいためることができるようにする。また，いためる調理については，調理の目的によっていためる時間や火力に違いがあることを理解できるようにする。例えば，野菜を弱い火力でいためると調理時間も長くなり水っぽくなるので，強火にして短時間でいためる方がよいことなどに気付くようにする。その際，油でいためることにより風味が増すことにも気付くようにする。

　さらに，幾つかの材料を組み合わせて調理し，材料に応じて切り方を変えたり，火の通りにくいものから順に加熱したり，あらかじめゆでたものをいためたりすることなどにも触れるようにする。

　指導に当たっては，実習や実験を取り入れ，ゆで方，いため方の手順の根拠について考えることができるよう配慮する。その際，観察して気付いたことを実感をもって言葉で表現する活動を取り入れるようにする。例えば，ゆで方については，食品の変化を実感させるために，野菜やいも類，卵などのゆで時間を変えて実験を行い，硬さ，色，味などを観察する活動などが考えられる。

ア(オ)　伝統的な日常食である米飯及びみそ汁の調理の仕方を理解し，適切にできること。

　　ここでは，米飯とみそ汁が我が国の伝統的な日常食であることや，調理の仕方を理解し，適切に調理ができるようにする。

　　伝統的な日常食である米飯及びみそ汁については，米は，我が国の主要な農産物であり，主食として日本人の食生活から切り離すことができない食品であることを理解できるようにする。また，みそは，大豆の加工品であり，調味料として日本人には古くから親しまれている食品であり，それぞれの地方で特徴があるみそが生産されていることや，みそ汁は，日常の食生活では，米飯と組み合わせる場合が多いことを理解できるようにする。

　　米飯の調理の仕方については，米の洗い方，水加減，浸水時間，加熱の仕方，蒸らしなど，硬い米が柔らかい米飯になるまでの炊飯に関する一連の操作や変化について理解し，炊飯することができるようにする。

　　みそ汁の調理の仕方については，だしのとり方，中に入れる実の切り方や入れ方，みその香りを損なわない扱い方などを理解し，みそ汁を調理することができるようにする。なお，みそ汁の実については，栄養のバランスや季節などを考えて幾つかの材料を組み合わせて調理し，材料に応じて切り方を変えたり，火の通りにくい物から順に加熱したりするなどの工夫が必要であることを理解できるようにする。

　　和食の基本となるだしについては，煮干しや昆布，かつお節など様々な材料からだしをとることについて触れ，みそ汁にだしを使うことで風味が増すことを理解できるようにする。

　　指導に当たっては，体験的な活動を通して，なぜそうするのか，手順の根拠について考えたり，観察して気付いたことなどを実感をもって言葉で表現したりする学習活動を取り入れ，理解を深めるよう配慮する。例えば，だしをとって作ったみそ汁とだしをとらずに作ったみそ汁を比較し，だしの役割について話し合う活動などが考えられる。なお，米飯の調理については，自動炊飯器による炊飯は対象としていないが，他の調理を学習するに当たって，1食分の食事として米飯と組み合わせて調理する場合には，自動炊飯器を利用することも考えられる。

イ　おいしく食べるために調理計画を考え，調理の仕方を工夫すること。

　　ここでは，基礎的な調理についての課題を解決するために，アで身に付けた基礎的・基本的な知識及び技能を活用し，おいしく食べるために，健康・安全などの視点から，調理計画や調理の仕方を考え，工夫することができるようにする。

　　調理計画については，効率よく作業するために，調理の手順やグループでの協

力の仕方，時間配分などについて問題を見いだし，課題を設定するようにする。課題を解決するための方法については，グループで話し合う活動を通して，調理計画が目的に合ったものかどうかなどについて検討できるようにする。

調理の仕方については，おいしく食べるために，調理の手順や，材料の切り方，加熱の仕方，味の付け方，盛り付けなどの調理の仕方について問題を見いだし，課題を設定するようにする。課題を解決するための方法については，食べる人のことを考えて，材料の切り方，加熱の仕方，味の付け方，盛り付けなどを検討したり，でき上がり時間を考えて手順を検討したりできるようにする。

また，調理計画及び調理の仕方のいずれの場合にも，既習事項や自分の生活経験と関連付けて考え，適切な解決方法を選び，実践に向けて具体的に計画を立てることができるようにする。

調理後の振り返りについては，計画どおりにできたこと，できなかったこと，あるいは実践の中で考え，工夫したことなどを評価し，意見交流などを通して，どのように改善したらよいかを考えることができるようにする。

指導に当たっては，調理の仕方を考えて計画を立てたり，実践したことを評価・改善したりする際，グループや学級内で交流するなどの活動を工夫し，児童が考えを広げたり深めたりできるよう配慮する。例えば，米飯とみそ汁，ゆでたりいためたりする調理，それらを組み合わせた朝食などについて，調理計画を考え，調理の仕方を工夫する活動などが考えられる。また，児童が課題を解決できた達成感や，調理する喜びを味わい，次の学習に主体的に取り組むことができるようにする。さらに，学校での学習を家庭での実践として展開し，実生活で活用するために，調理計画においては，一人で調理する場合の計画についても考えることができるよう配慮する。

なお，家庭で実践する場合には，児童の家庭の状況に十分に配慮し，家庭との連携を図るようにする。

---

(3)　栄養を考えた食事

　ア　次のような知識を身に付けること。

　(ア)　体に必要な栄養素の種類と主な働きについて理解すること。

　(イ)　食品の栄養的な特徴が分かり，料理や食品を組み合わせてとる必要があることを理解すること。

　(ウ)　献立を構成する要素が分かり，1食分の献立作成の方法について理解すること。

　イ　1食分の献立について栄養のバランスを考え，工夫すること。

（内容の取扱い）

> ウ　(3)のアの(ｱ)については，五大栄養素と食品の体内での主な働きを中心に扱うこと。(ｳ)については，献立を構成する要素として主食，主菜，副菜について扱うこと。

　ここでは，栄養を考えた食事について，課題をもって，栄養素の種類と主な働き，食品の栄養的特徴及び1食分の献立作成に関する基礎的・基本的な知識を身に付け，栄養のバランスを考えた1食分の献立を工夫することができるようにすることをねらいとしている。

　ア(ｱ)，(ｲ)については，五大栄養素と食品の体内での主な働きを中心に扱い，中学校での日本食品標準成分表や食事摂取基準，食品群別摂取量の目安などの学習につなげるよう配慮する。

　題材構成に当たっては，B(1)，(2)の項目や学校給食などの献立との関連を図り，日常生活に即して具体的に学習できるよう配慮する。

ア(ｱ)　体に必要な栄養素の種類と主な働きについて理解すること。

　ここでは，体に必要な栄養素の種類と主な働きについて理解し，栄養を考えて食事をとることの大切さが分かるようにする。

　体に必要な栄養素の種類と主な働きについては，人が生命を維持したり，活動したり，さらに，成長したりするために必要な成分を栄養素ということ，食品に含まれる栄養素には，炭水化物，脂質，たんぱく質，無機質，ビタミンがあり，五大栄養素と呼ばれていること，それらは相互に関連をもちながら健康の保持や成長のために役立っていることなどを理解できるようにする。

　例えば，炭水化物や脂質は主として体内で燃焼することによりエネルギーに変わり，体温の保持や活動のために使われること，たんぱく質は主として体をつくるのに役立つが，エネルギー源としても利用されること，無機質については，カルシウムなどがあり，カルシウムは骨や歯の成分となるが，体の調子を整える働きもあること，ビタミンには体の調子を整える働きがあることを理解できるようにする。

　指導に当たっては，名称や働きを覚えることだけに重点を置くのではなく，体に必要な栄養素を食事によってとっていることに気付き，栄養を考えて食事をとることの大切さが分かるよう配慮する。例えば，B(3)のアの(ｲ)との関連を図り，日常食べている食品に主に含まれる栄養素の種類や働きを調べて発表したり，栄養を考えて食事をとるにはどうしたらよいかを話し合ったりする活動などが考え

られる。

　この学習では，理科の第5学年における植物の種子の中の養分に関する学習で扱うでんぷんとの関連を図り，でんぷんは炭水化物の一つであることに触れることも考えられる。

ア(イ)　食品の栄養的な特徴が分かり，料理や食品を組み合わせてとる必要があることを理解すること。

　ここでは，食品は含まれる栄養素の特徴により三つのグループに分けることができることや，料理や食品を組み合わせてとる必要があることが理解できるようにする。

　食品の栄養的な特徴については，食品に含まれる栄養素の特徴により，「主にエネルギーのもとになる」，「主に体をつくるもとになる」，「主に体の調子を整えるもとになる」の三つのグループに分けられることが分かり，日常の食事に使われる食品をグループに分類することができるようにする。

　例えば，「主にエネルギーのもとになる」グループの食品には，米や麦，油などがあり，主に炭水化物や脂質が多く含まれること，「主に体をつくるもとになる」グループの食品には，魚，肉，卵，大豆，牛乳などがあり，主にたんぱく質が多く含まれること，牛乳にはたんぱく質のほかに無機質であるカルシウムも多く含まれること，「主に体の調子を整えるもとになる」グループの食品には，野菜や果物などがあり，主にビタミンや無機質が多く含まれることを理解できるようにする。

　料理や食品を組み合わせてとる必要があることについては，栄養素には多くの種類があり，健康の保持や成長のためにはそれらの全てを摂取しなければならないが，1種類の食品で全ての栄養素を必要量含んでいるものはないので，料理や食品を上手に組み合わせてとる必要があることを理解できるようにする。また，「主にエネルギーのもとになる」，「主に体をつくるもとになる」，「主に体の調子を整えるもとになる」の三つのグループの食品を組み合わせたり，主食，主菜，副菜などの料理を組み合わせたりすることにより，栄養のバランスがよい食事になることを理解できるようにする。

　指導に当たっては，食品をグループに分けることについて，食品には複数の栄養素が含まれていることから，必ずしもいずれかのグループに厳密に分類しなくてもよい場合もあることに配慮する。例えば，日常の食事や学校給食に使われている食品，調理実習で使った食品を調べてグループ分けする活動などを通して，多数の食品を食べていることを実感したり，食品の栄養的な特徴を具体的に理解できるようにしたりする活動などが考えられる。

ア(ウ)　献立を構成する要素が分かり，１食分の献立作成の方法について理解すること。

　　ここでは，献立を構成する要素として主食，主菜，副菜があることが分かり，１食分の献立作成の方法について理解できるようにする。

　　献立を構成する要素については，主食，主菜，副菜を扱い，これらの組合せで１食分の食事が構成されていることが分かるようにする。また，主食には「主にエネルギーのもとになる」食品，主菜には「主に体をつくるもとになる」食品，副菜には「主に体の調子を整えるもとになる」食品が多く含まれているので，主食，主菜，副菜を組み合わせることで，三つのグループの食品がそろった１食分の献立となることを理解できるようにする。

　　１食分の献立作成の方法については，主食，主菜，副菜などの組合せを考え，それぞれの料理に含まれている食品を三つのグループに分けて栄養のバランスを確認し，必要に応じて料理や汁物の実などを工夫すればよいことを理解できるようにする。献立作成については，主に栄養のバランスを中心に考えるが，色どりや味のバランスについても気付くようにする。このほかに，好みや季節，費用などの観点が考えられるが，ここでは料理や食品の組合せに重点を置くこととする。

　　指導に当たっては，米飯とみそ汁を中心とした１食分を扱い，具体的に献立作成の方法を理解できるよう配慮する。例えば，主菜，副菜を例示の中から選択し，献立に含まれる食品を三つのグループに分けて栄養バランスを確認する活動などが考えられる。また，学校給食の献立などの身近な献立を調べる活動を通して，主食，主菜，副菜の組合せにより，栄養のバランスがよくなることに気付き，組み合わせることの大切さが分かるよう配慮する。

イ　１食分の献立について栄養のバランスを考え，工夫すること。

　　ここでは，栄養を考えた食事についての課題を解決するために，アで身に付けた基礎的・基本的な知識を活用し，健康などの視点から，栄養のバランスを考え，１食分の献立を工夫することができるようにする。

　　１食分の献立については，児童の日常の生活の中から，１食分の食事内容について問題を見いだし，課題を設定するようにする。献立の改善方法については，料理カードやデジタル教材を参考にしたり，自分が考えた献立の工夫について発表したりするなどの活動を通して，栄養のバランスを考慮した１食分の献立について検討できるようにする。その際，既習事項や自分の生活経験と関連付けて考え，適切な改善方法を選び，具体的に考えることができるようにする。

　　献立作成の振り返りについては，献立作成で考えたことや工夫したことなどを評価し，発表し合う活動などを通して，どのように改善して生活に生かしたらよ

いかを考えることができるようにする。

　指導に当たっては，1食分の献立を考える際，グループや学級内で交流するなどの活動を工夫し，児童が考えを広げたり深めたりできるよう配慮する。また，日常生活において活用できるよう配慮する。

　例えば，調理実習と関連を図り，米飯とみそ汁，ゆでたりいためたりしたおかずにどのような料理や食品を加えれば1食分の献立として栄養のバランスがよくなるのかを考え，工夫する活動などが考えられる。また，遠足・集団宿泊的行事などと関連を図り，料理や食品を選んで食事をする際には，どのように組み合わせて食べたらよいのかを考え，工夫する活動なども考えられる。

　なお，食事調べなど児童の家庭の食事を取り上げる場合は，プライバシーに十分配慮する。

（内容の取扱い）

> エ　食に関する指導については，家庭科の特質に応じて，食育の充実に資するよう配慮すること。また，第4学年までの食に関する学習との関連を図ること。

　食育については，平成17年に食育基本法が成立し，「食に関する知識と食を選択する力を習得し，健全な食生活を実践することができる人間を育てる」ことが求められ，平成18年から5年ごとに制定される食育推進基本計画に基づいて様々な取組が行われている。また，平成25年には，「和食；日本人の伝統的な食文化」がユネスコ無形文化遺産に登録され，日本の伝統的な食文化の継承に向けた取組も推進されている。小学校においては，家庭科などの食に関する指導を中核として，学校教育活動全体で一貫した取組を一層推進することが重要である。

　今回の改訂では，小学校においては，米飯とみそ汁の調理やだしの役割など，日本の伝統的な食文化の大切さに気付くことができるようにすることを重視している。そのため，家庭科における食に関する指導については，第4学年までの食に関する学習との関連を図り，B(1)から(3)の項目に示すとおり，日常の食事を大切にする心，心身の成長や健康の保持増進の上で望ましい栄養や食事のとり方，食品の品質及び安全性等に関する基礎的・基本的な知識，調理に関する基礎的・基本的な知識及び技能などを総合的に育むとともに，食文化についても扱うこととしている。

　これらの指導に当たっては，食生活を家庭生活の中で総合的に捉えるという家庭科の特質を生かし，家庭や地域との連携を図りながら健康で安全な食生活を実

践するための基礎が培われるよう配慮するとともに，必要に応じて，栄養教諭や
地域の人々等の協力を得るなど，食育の充実を図るようにすることが大切である。

第2章
家庭科の
目標及び
内容

● 衣生活

　「衣生活」の内容は，(4)「衣服の着用と手入れ」，(5)「生活を豊かにするための布を用いた製作」の2項目で構成されている。

　ここでは，課題をもって，健康・快適・安全で豊かな衣生活に向けて考え，工夫する活動を通して，衣服の着用と手入れ，生活を豊かにするための布を用いた製作に関する知識及び技能を身に付け，衣生活の課題を解決する力を養い，衣生活をよりよくしようと工夫する実践的な態度を育成することをねらいとしている。

　今回の改訂では，小学校と中学校の内容の系統性を図り，これまでの「生活に役立つ物の製作」を中学校と同様の「生活を豊かにするための布を用いた製作」としている。小学校においては，生活の中にある布を用いた物に関心をもち，布の特徴を生かして生活を豊かにするための物を考えて製作できるようにするとともに，生活を楽しもうとする態度の育成につなげることを意図したものである。その際，製作における基礎的・基本的な知識及び技能を確実に習得するために，袋など一部の題材を指定している。また，衣服の主な働きの学習では，「A家族・家庭生活」の(1)のアで触れた健康・快適・安全などの視点と関連させて，衣服の着用，手入れの大切さに気付かせるようにしている。さらに，季節に合わせた着方などにおいて，衣生活文化の大切さに気付くことができるようにしている。

　内容の指導に当たっては，(4)については，B(6)「快適な住まい方」，「A家族・家庭生活」の(2)「家庭生活と仕事」及び「C消費生活・環境」の(2)「環境に配慮した生活」などと関連を図って扱うよう配慮する。(5)については「A家族・家庭生活」，「B衣食住の生活」，「C消費生活・環境」の内容と関連させて扱うよう配慮する。

---

(4)　衣服の着用と手入れ

　ア　次のような知識及び技能を身に付けること。

　(ア)　衣服の主な働きが分かり，季節や状況に応じた日常着の快適な着方について理解すること。

　(イ)　日常着の手入れが必要であることや，ボタンの付け方及び洗濯の仕方を理解し，適切にできること。

　イ　日常着の快適な着方や手入れの仕方を考え，工夫すること。

　ここでは，衣服の着用と手入れについて，課題をもって，衣服の主な働きや季節や状況に応じた日常着の快適な着方，手入れの仕方に関する基礎的・基本的な知識及び技能を身に付け，着用と手入れの仕方を工夫することができるようにす

ることをねらいとしている。

　題材構成に当たっては，B(5)と関連させて，ボタン付けを製作の中で取り扱ったり，B(6)「快適な住まい方」の暑さ・寒さに関する住まい方の工夫の学習と暑さ・寒さを防ぐための着方の学習とを組み合わせたり，A(2)「家庭生活と仕事」と関連させて，日常着の手入れを家庭で分担できる仕事や家族への協力につなげて実践させたりすることなどが考えられる。また，C(2)「環境に配慮した生活」と関連させて，自分の衣服の選び方及び着方と環境との関わりを見直し，省エネルギーの意識につなげたり，水や洗剤を無駄にしない洗濯の仕方を工夫したりすることなどが考えられる。

ア(ｱ)　衣服の主な働きが分かり，季節や状況に応じた日常着の快適な着方について理解すること。

　ここでは，衣服の主な働きとして，保健衛生上及び生活活動上の働きが分かり，それらと関わらせて季節や状況に応じた日常着の快適な着方について理解できるようにする。

　衣服の主な働きについては，保健衛生上の働きとして，暑さ・寒さを防いだり，皮膚を清潔に保ったり，ほこりや害虫，けがなどから身体を守ったりすることなどが分かるようにする。また，生活活動上の働きとして，身体の動きを妨げず，運動や作業などの活動をしやすくすることなどが分かるようにする。その際，安全の確保や危険の回避のために，目立つ色の上着を着たり，帽子をかぶったりすることなどにも触れるようにする。

　季節に応じた日常着の快適な着方については，暑い季節には汗を吸収しやすい衣服を選んだり，寒い季節には重ね着をしたりすることを理解できるようにする。

　状況に応じた日常着の快適な着方については，生活場面などに応じて，例えば，野外で活動する際，体温を調節するために脱ぎ着ができる衣服を着たり，長いズボンを選んではいたりすることを理解できるようにする。

　指導に当たっては，衣服の主な働きについては，日常生活における衣服の着方と関連させて理解できるよう配慮する。例えば，生活の中で場面に応じて着替える理由を考えたり，夏を涼しく冬を暖かく過ごすための衣服の選び方や着方，気温の変化に応じた着方を話し合ったりする活動などが考えられる。

　また，季節や状況に応じた日常着の着方については，観察や実験を通して具体的に考えられるよう配慮する。例えば，実際に衣服を重ねて着た際の暖かさを比べたり，動作による身体の動きを観察したり，実験を通して布の特徴を調べたりする活動などが考えられる。さらに，夏の涼しい着方と関連付けて日本の伝統的な衣服であるゆかたに触れることも考えられる。

ア(イ)　日常着の手入れが必要であることや，ボタンの付け方及び洗濯の仕方を
　　　理解し，適切にできること。

　ここでは，衣服を大切に扱い，気持ちよく着るために，日常の手入れが必要で
あることが分かり，ボタン付けや洗濯の仕方を理解し，適切にできるようにする。

　日常着の手入れについては，日常着などの衣服を快適に着るために，それらを
大切に扱い，脱いだ衣服を点検し，手入れすることが必要であることを理解でき
るようにする。その際，ボタンが取れる前に付け直したり，衣服の汚れを落とす
ために洗濯したりすることが，日常の身だしなみのために必要であることに気付
くようにする。また，季節の変わり目には，次の季節にも気持ちよく着るために
衣替えを行い，適切に管理することが必要であることにも触れるようにする。

　ボタンの付け方については，衣服の打ち合わせをとめるために必要であること，
また，繰り返しとめたりはずしたりするために丈夫に付けることが必要であるこ
と及びそのための付け方を理解し，適切にできるようにする。

　洗濯の仕方については，日常着の洗濯に必要な洗剤，用具及び洗い方などを理
解し，洗濯ができるようにする。洗濯には，洗濯物の状態や汚れの点検，洗う，
すすぐ，絞る，干すなどの手順があることや，それぞれの作業が必要であること
を理解し，適切にできるようにする。ここでは，手洗いを中心として学習し，電
気洗濯機を用いる場合にも，状況によって事前に手洗いする意義に気付くことが
できるようにする。電気洗濯機については，脱水に使用したり手洗いと比較した
りする程度に扱うようにする。さらに，洗剤については，働きなどは中学校で扱
うので，量を中心に扱い，洗剤の量を考えた水を無駄にしない洗濯の仕方につい
ても触れるようにする。なお，たたんで収納することについては，B(6)「快適な
住まい方」のアの(イ)と関連付けて学習する。

　指導に当たっては，実験，実習などを通して，実感を伴って理解できるよう配
慮する。例えば，日常着のボタンや汚れなどの観察を通して，家族や自分が日頃
行っている手入れの仕方について話し合う活動などが考えられる。また，靴下や
体育着などの手洗いを通して，水だけの場合や，道具を使った場合の汚れの落ち
方，乾きやすい干し方などについて結果を発表し合う活動も考えられる。

　さらに，A(2)「家庭生活と仕事」のイの学習との関連を図り，家庭と連携し，
実践する喜びを味わうことができるよう配慮する。

イ　日常着の快適な着方や手入れの仕方を考え，工夫すること。

　ここでは，衣服の着用と手入れについての課題を解決するために，アで身に付
けた基礎的・基本的な知識及び技能を活用し，健康・快適などの視点から，日常
着の快適な着方や手入れの仕方を考え，工夫することができるようにする。

3
家庭科の
内容

51

日常着の快適な着方については，児童の身近な生活の中から，季節や状況についての問題を見いだし，課題を設定するようにする。課題を解決するための方法については，実際にいろいろな着方を試して，その違いについて調べたり，児童一人一人の生活経験について意見交流したりすることを通して，季節や状況に合わせた快適な着方について検討できるようにする。

日常着の手入れの仕方については，児童の身近な生活の中から，日常着の手入れに関する問題を見いだし，課題を設定するようにする。課題を解決するための方法については，状況に応じた効果的な手入れの仕方や汚れの度合いに応じた洗い方を試したり，環境に配慮した手入れの仕方や洗い方の工夫を調べたり，A(2)「家庭生活と仕事」と関連させて自分でできることや家族に協力できることを話し合ったりする活動などを通して，手入れや洗濯の仕方について検討できるようにする。

日常着の快適な着方及び日常着の手入れの仕方のいずれの場合にも，解決方法については，既習事項や自分の生活経験と関連付けて考え，適切な解決方法を選び，実践に向けて具体的に計画を立てることができるようにする。

実践の振り返りについては，計画どおりに実践できたこと，できなかったこと，あるいは実践活動の中で考えたことなどを評価し，実践発表会などを通して，どのように改善したらよいかを考えることができるようにする。

指導に当たっては，解決方法を考え，計画を立てたり，実践したことを評価・改善したりする際，グループや学級内で交流するなどの活動を工夫し，児童が考えを広げたり深めたりできるよう配慮する。また，児童が課題を解決できた達成感や，実践する喜びを味わい，次の学習に主体的に取り組むことができるようにする。

日常着の快適な着方については，例えば，夏を涼しく，冬を暖かく過ごすための着方を取り上げて，児童が考えた実験を通して比較したり，野外活動を取り上げて，山登りなどの活動や気温の変化に応じた着方を検討したりして，快適な着方について考え，工夫する活動などが考えられる。

日常着の手入れの仕方については，例えば，身近な衣服の手洗いを取り上げて，洗剤の量，水の温度，洗い方などによる違いを比較して，効果的な洗い方について考えたり，干し方を変えて衣服の形の変化を観察したりして，手洗いの仕方を見直して工夫する活動などが考えられる。

さらに，学校での学習を家庭での実践として展開できるようにするために，児童の家庭の状況に十分配慮し，家庭との連携を図るようにする。

(5) 生活を豊かにするための布を用いた製作

ア　次のような知識及び技能を身に付けること。

(ｱ)　製作に必要な材料や手順が分かり，製作計画について理解すること。

(ｲ)　手縫いやミシン縫いによる目的に応じた縫い方及び用具の安全な取扱いについて理解し，適切にできること。

イ　生活を豊かにするために布を用いた物の製作計画を考え，製作を工夫すること。

（内容の取扱い）

オ　(5)については,日常生活で使用する物を入れる袋などの製作を扱うこと。

（指導計画の作成）

(4)　第2の内容の「B衣食住の生活」の(2)及び(5)については，学習の効果を高めるため，2学年間にわたって取り扱い，平易なものから段階的に学習できるよう計画すること。

　ここでは，生活を豊かにするための布を用いた製作について，課題をもって，製作に必要な材料や手順，製作計画，手縫いやミシン縫い及び用具の安全な取扱いに関する基礎的・基本的な知識及び技能を身に付け，製作計画を考え，製作を工夫することができるようにすることをねらいとしている。

　生活を豊かにするための布を用いた製作とは,身の回りの生活を快適にしたり，便利にしたり，楽しい雰囲気を作り出したりするなど，布の特徴を生かして自分や身近な人の生活を豊かにする物を製作することである。また，その過程で，自分自身が豊かな気持ちになることができる。布を用いた製作は，生活に役立つばかりではなく，身近な人との関わりを深めたり，生活文化への関心を高めたりすることにつながり，生活を豊かにするための営みに係るものである。

　指導計画の作成に当たっては，学習の効果を高めるため，2学年間を見通した学習が展開できるよう配慮する。児童の実態に応じて無理なく理解を深め，達成感を味わいながら技能を十分に身に付けることができるように段階的な題材の配列に配慮する。

　実習題材については，布を用いた製作において大切なゆとりや縫いしろの必要性を理解するために，日常生活で使用する物を入れるための袋などの題材を扱う

ようにする。

　題材構成に当たっては，B(6)「快適な住まい方」と関連させて，住まいを快適にしたり，楽しい雰囲気にしたりする物を考えて製作したり，A(3)「家族や地域の人々との関わり」と関連させて，家族が喜ぶ物や地域の人々に役立つ物を考えて製作計画に生かしたりすることなどが考えられる。また，C(2)「環境に配慮した生活」と関連させて，家庭にある布や不用な衣服の一部分を活用したり，環境に配慮した材料について考えたりすることなどが考えられる。

ア(ア)　製作に必要な材料や手順が分かり，製作計画について理解すること。

　ここでは，製作に必要な材料や製作手順が分かるとともに，製作する物や使い方などに応じた製作計画の必要性と計画の立て方を理解できるようにする。

　製作に必要な材料や手順については，材料の布は，しるしが付けやすい，裁ちやすい，ほつれにくい，縫いやすいなどの扱いやすさや，丈夫さなどの性質を考え，製作する物の目的や使い方に応じて適したものを選ぶ必要があることを理解できるようにする。また，布の性質に適した糸や製作する物に応じて準備する材料についても触れるようにする。さらに，布には，様々な色や柄があり，しなやかに物の形や動きに沿ったり，繰り返し洗ったりできる性質があることに気付くことができるようにする。

　製作手順として，計画，準備，製作，仕上げ，片付けといった作業の流れがあり，効率や安全のために作業の順番を決める必要があることを理解できるようにする。準備作業としては，裁った布にしるしを付けたり，まち針で布と布をとめたり，しるしを合わせたりすることなどがあり，仕上げの作業としては，縫った後に縫い目を整えたり，糸の始末をしたり，アイロンをかけたりすることなどがあることを理解できるようにする。

　製作計画については，製作する物の目的に応じて，どのような機能があればよいのかを踏まえ，形や大きさを考えることが必要であることが分かるようにする。また，布の形や大きさを決めることについて，でき上がりの寸法に縫いしろ分を加えたり，余裕をもって覆ったり出し入れしたりするためのゆとりの分量を考えたりする必要があることが分かり，その見積もり方を理解できるようにする。例えば，不織布などを使って考えたり，必要な寸法を測ったり，又は既にある物を観察したりするなどの方法が考えられる。

　指導に当たっては，布や布で作られた物に対する関心を高めたり，でき上がりを具体的に思い描いたりして，製作への意欲をもたせるよう配慮する。例えば，日本で昔から使われているふろしきや手ぬぐいを用いて布の特徴や使い方を考え，布で作られた物のよさに気付かせる活動などが考えられる。

また，製作手順の根拠について考え，製作の見通しをもつことができるよう配慮する。例えば，布製品の実物を観察して製作手順を考えたり，段階見本等を用いて確かめたりする活動などが考えられる。

ア(イ)　手縫いやミシン縫いによる目的に応じた縫い方及び用具の安全な取扱いについて理解し，適切にできること。

ここでは，手縫いやミシン縫いの仕方が分かり，それらを使った目的に応じた縫い方を理解するとともに，それらの作業に必要な用具の安全な取扱いについて理解し，適切にできるようにする。

手縫いやミシン縫いによる目的に応じた縫い方については，手縫いをするためには，縫い針に糸を通したり，糸端に玉結びや玉どめをしたり，布を合わせて縫ったりする必要があることを理解できるようにする。また，手縫いとして，なみ縫い，返し縫い，かがり縫いなどの縫い方を扱うようにする。これらの縫い方にはそれぞれ特徴があり，縫う部分や目的に応じて，適した手縫いを選ぶ必要があることを理解し，できるようにする。なみ縫いについては，2～3針続けて縫う程度でもよいと考えられる。また，手縫いに用いる糸の適切な長さや扱い方などについても理解できるようにする。

ミシン縫いについては，丈夫で速く縫えるという特徴や使い方が分かり，直線縫いを主としたミシン縫いができるようにする。ミシンの使い方については，上糸，下糸の準備の仕方や縫い始めや縫い終わりや角の縫い方を考えた処理の仕方など，ミシン縫いをするために必要な基本的な操作を中心に学習する。

用具の安全な取扱いについては，製作に当たって適切な用具を正しく使うことが作業を効率的に進める上で大切であることを理解できるとともに，針，まち針，糸切りはさみ，裁ちばさみ，計測用具，しるし付けの用具など，製作に必要な用具が分かり，安全に十分留意しながら使用することができるようにする。例えば，針類，はさみ類，アイロン，ミシンなどの用具については，慎重な針の扱い，はさみの安全な使い方や渡し方，アイロンの置き方，ミシンの安全な出し入れや移動などにも触れるようにする。この学習では，第3の3(1)，(2)にある実習の指導の配慮事項を十分参考にするようにする。

指導に当たっては，製作過程において，なぜ，そのように縫うのかなど，手順の根拠について理解できるよう配慮する。例えば，製作品の使い方に応じて，丈夫に縫ったり，針目の大きさを変えて縫ったり，ほつれやすい布端を始末したりすることの必要性に気付かせ，製作計画を見直す活動などが考えられる。また，製作する喜びを味わいながら手縫いなどの基礎的・基本的な知識及び技能が身に付くよう配慮する。その際，縫う経験が少ない児童には，製作物の見本や製作の

順序に応じた標本，試行用の教材などを準備し，自分で課題の解決ができるように学習環境の整備について配慮する。

さらに，用具の安全な取扱いについては，危険防止や安全点検の確認を習慣化できるようにするために，製作の準備から片付けまで，児童一人一人が責任をもって安全に留意して行うことができるよう配慮する。

イ　生活を豊かにするために布を用いた物の製作計画を考え，製作を工夫すること。

ここでは，生活を豊かにするための布を用いた製作についての課題を解決するために，アで身に付けた基礎的・基本的な知識及び技能を活用し，健康・快適・安全などの視点から，生活を豊かにするために布を用いた物の製作計画や製作方法を考え，工夫することができるようにする。

布を用いた物の製作計画については，生活を豊かにするための製作を進めるために，製作手順などについて問題を見いだし，課題を設定するようにする。課題を解決するための方法については，同じ課題の児童同士でグループを編成して話し合う活動を通して，製作計画が目的に合ったものか，製作手順が適切であるかなどについて検討できるようにする。

製作については，作品を仕上げるための製作手順や，手縫いやミシン縫いによる縫い方などについて問題を見いだし，課題を設定するようにする。課題を解決するための方法については，例えば，縫う部分に応じた縫い方であるかについて，縫い方見本を観察したり，試し縫いをしたりして，身に付けた技能を生かした縫い方を検討し，計画に合わせて効率よく製作できるようにする。

また，布を用いた物の製作計画及び製作のいずれの場合にも，既習事項や自分の生活経験と関連付けて考え，適切な解決方法を選び，実践に向けて具体的に計画を立てることができるようにする。

製作後の振り返りについては，計画どおりにできたこと，できなかったこと，あるいは製作の中で考え，工夫したことなどを評価し，実践発表会などを通して，どのように改善したらよいかを考えることができるようにする。

指導に当たっては，解決方法を考え，計画を立てたり，製作について評価・改善したりする際，グループや学級内で交流するなどの活動を工夫し，児童が考えを広げたり深めたりできるよう配慮する。また，児童が課題を解決できた達成感や製作の喜びを味わい，次の製作への意欲を高めたり，製作した物を日常生活で活用する楽しさや手作りのよさを味わったりすることができるよう配慮する。

布を用いた物の製作計画については，例えば，生活を豊かにするための目的に合っているかどうか，製作手順や用いる技能，製作時間，材料などが適切かどう

かについて検討し，計画を見直して改善する活動などが考えられる。また，仕上がった作品を観察したり，作り方を比較したりすることを通して，布製品を評価する視点を考え，製作計画に生かす活動なども考えられる。

布を用いた物の製作については，例えば，手縫いやミシン縫いを用いて飾り縫いをしたり，はぎれやボタンなどを用いて作品を飾ったりして工夫する活動などが考えられる。

住生活

「住生活」の内容は，(6)「快適な住まい方」の1項目で構成されている。

ここでは，課題をもって，健康，快適，安全で豊かな住生活に向けて考え，工夫する活動を通して，快適な住まい方に関する知識及び技能を身に付け，住生活の課題を解決する力を養い，住生活をよりよくしようと工夫する実践的な態度を育成することをねらいとしている。

今回の改訂では，小学校と中学校の内容の系統性を図り，中学校で扱う「住居の基本的な機能」のうち，「風雨，寒暑などの自然から保護する働き」を小学校の「住まいの主な働き」として扱うこととしている。「住まいの主な働き」の学習を通して，「A家族・家庭生活」の(1)のアで触れた健康・快適・安全などの視点と関連させて，住生活の大切さに気付かせることを意図している。

また，小学校と中学校の内容を整理し，これまで中学校で扱っていた「音と生活との関わり」を小学校の内容としたことから，騒音については「A家族・家庭生活」の(3)「家族や地域の人々との関わり」と関連させて扱うことなどが考えられる。カビ・ダニ等については，小学校の内容「通風・換気」や「清掃」と関連させて扱うことなどが考えられる。さらに，季節に合わせた住まい方において，住生活文化の大切さに気付くことができるようにしている。住生活と衣生活を関連付けて扱うことについては，これまでと同様である。

内容の指導に当たっては，「B衣食住の生活」の(4)「衣服の着用と手入れ」，「A家族・家庭生活」の(2)「家庭生活と仕事」及び(3)「家族や地域の人々との関わり」，「C消費生活・環境」の(2)「環境に配慮した生活」などと関連を図って扱うよう配慮する。

なお，住生活の学習においては，児童の住まいに係るプライバシーに十分配慮する。

---

(6) 快適な住まい方

　ア　次のような知識及び技能を身に付けること。

　(ｱ)　住まいの主な働きが分かり，季節の変化に合わせた生活の大切さや住まい方について理解すること。

　(ｲ)　住まいの整理・整頓や清掃の仕方を理解し，適切にできること。

　イ　季節の変化に合わせた住まい方，整理・整頓や清掃の仕方を考え，適切な住まい方を工夫すること。

（内容の取扱い）

> カ　(6)のアの(ア)については，主として暑さ・寒さ，通風・換気，採光，及び音を取り上げること。暑さ・寒さについては，(4)のアの(ア)の日常着の快適な着方と関連を図ること。

　ここでは，快適な住まい方について，課題をもって，住まいの主な働きや季節の変化に合わせた住まい方，住まいの整理・整頓や清掃の仕方に関する基礎的・基本的な知識及び技能を身に付け，快適な住まい方を工夫することができるようにすることをねらいとしている。

　題材構成に当たっては，B(4)「衣服の着用と手入れ」と関連させて，夏季に涼しく，冬季に暖かく過ごすために住まい方と着方を組み合わせて工夫したり，A(2)「家庭生活と仕事」のイと関連させて，整理・整頓や清掃を実践したりすることなどが考えられる。また，A(3)「家族や地域の人々との関わり」のアの(イ)地域の人々との関わりと関連させて，家庭内や近隣の音を取り上げ，家族や地域の人々と共に快適に住まうために工夫することなども考えられる。さらに，C(2)「環境に配慮した生活」と関連させて，冷暖房機器の利用を省エネルギーにつなげたり，整理・整頓を不用品の活用等につなげたりすることなども考えられる。

ア(ア)　住まいの主な働きが分かり，季節の変化に合わせた生活の大切さや住まい方について理解すること。

　ここでは，住まいの主な働きが分かり，季節の変化に合わせて自然を生かして生活することの大切さについて理解するとともに，暑さ・寒さへの対処の仕方やそれらと通風・換気との関わり，適切な採光及び音と生活との関わりについて理解できるようにする。

　住まいの主な働きについては，季節の変化に合わせた住まい方と関連させて取り上げることとし，人々が家の中で安心して快適に住まうことができるように，主として雨や風，暑さ・寒さなどの過酷な自然から人々を守る生活の器としての働きが分かるようにする。

　季節の変化に合わせた生活の大切さについては，我が国が四季の変化に富むことから，冷暖房機器にたよる生活を見直し，季節の変化に合わせて日光や風など自然の力を効果的に活用する方法について考え，健康・快適の視点から，自然を生かした生活の大切さについて理解できるようにする。さらに，昔と今の住まい方を比べる活動を取り入れるなどして，住まい方における日本の生活文化に気付くことができるようにする。

季節の変化に合わせた住まい方については，身の回りを快適に整えるために，季節の変化に合わせて室内の温度や湿度，空気の流れを調節したり，適度な明るさを取り入れたりすることが大切であることを理解できるようにする。

暑さ・寒さへの対処の仕方については，室内の温度や湿度，空気の流れを調節することにより室内の環境を快適に保つことができることを理解できるようにする。空気の流れについては，夏季に涼しく過ごすための通風又は冬季に室内の汚れた空気を入れ換えるための換気の必要性が分かり，効果的な通風又は換気の仕方を理解できるようにする。その際，空気の流れによって湿度を調整し，結露やカビ・ダニ等の発生を防止できることにも気付くようにするとともに，湿度のほかに様々な物質を含めて室内の空気を入れ換えることの大切さにも触れるようにする。また，健康のために冷房機器などを効果的に利用することや，暖房機器の安全な使い方についても触れるようにする。さらに，自然を上手に利用する方法について，夏季には通風と併せて太陽の熱をさえぎること，冬季には太陽の暖かさを取り込むことなどを理解できるようにする。その際，樹木や植物などを効果的に活用することなどにも触れるようにする。

採光については，勉強や読書をする場合を取り上げるなど，児童の身近な生活と目の健康とを関連させ，適度な明るさを確保する必要とその方法を理解できるようにする。なお，人工照明については，自然採光が不足する場合と関連させて照明の必要性に触れる程度とする。

音については，学校周辺や家庭での様々な音を取り上げ，音には快適な音や騒音となる不快な生活音があることを理解できるようにする。また，生活を豊かにする季節の音を大切にしてきた日本の生活文化に気付くことができるようにする。さらに，騒音については，家族や地域の人々との関わりを考えて，生活音の発生に配慮する必要があることにも気付くようにする。

指導に当たっては，暑さ・寒さ，通風・換気，採光，音については，健康・快適などを視点として，それぞれを相互に関連付けて扱うよう配慮する。また，暑さ・寒さへの対処については，地域によって，夏季の暑さを防いで涼しく生活すること又は冬季の寒さを防いで暖かく生活することのいずれかに重点を置いて題材を構成することが考えられる。さらに，学校など身近な空間を対象とし，快適にするためには何が必要かを考えさせ，比較実験などを通して，それらを科学的に理解できるよう配慮する。

例えば，暑さへの対処の仕方については，窓の外側で太陽の熱をさえぎると暑さを防ぐ効果が大きいことを確かめたり，窓の開閉条件を変えて風通しを比べたりして，夏季を涼しく過ごすための工夫を考えさせる活動などが考えられる。また，家族へのインタビューや実生活を見つめる活動を通して，ひさし，よしず，

すだれ，打ち水，風鈴などを取り上げ，日本の生活文化や昔からの生活の知恵に気付かせる活動なども考えられる。

寒さへの対処の仕方については，暖房機器を置く場所によって暖まり方が違うことや換気の仕方によって結露やカビ・ダニ等の発生の程度が違うことに気付かせる活動などが考えられる。

音については，学校内の音を測定して音の大きさを体感的に理解したり，季節を感じる音について話し合う活動を通して，快適な音により心が落ち着くことや季節の変化を感じる生活の大切さに気付かせたりする活動などが考えられる。

この学習では，理科の第3学年における「光と音の性質」，「太陽と地面の様子」，第4学年における空気と温度に関する学習や，体育科の第3学年における健康な生活に関する学習との関連を図るよう配慮する。

ア(イ)　住まいの整理・整頓や清掃の仕方を理解し，適切にできること。

ここでは，気持ちよく生活するために，住まいの整理・整頓や清掃が必要であることが分かり，身の回りの整理・整頓や清掃の仕方を理解し，適切にできるようにする。

住まいの整理・整頓の仕方については，児童の身の回りの物，例えば，学習用具，本や雑誌，衣類等の整理・整頓を取り上げる。物を使う人や場所，その使用目的や頻度，大きさや形などによって整理・整頓の仕方を工夫する必要があることが分かり，何がどこにあるか，必要な物がすぐに取り出せるか，空間を有効に使えるかなどの視点から考え，整理・整頓の仕方を理解し，適切にできるようにする。

住まいの清掃の仕方については，児童が日常よく使う場所を取り上げる。学校や家庭での体験を基に清掃について見直し，なぜ汚れるのか，何のために清掃するのかを考えさせるとともに，床や窓などの汚れの種類，汚れ方に応じた清掃の仕方が分かり，状況に応じた清掃の仕方を理解し，適切にできるようにする。また，汚れは時間が経つと落ちにくくなることや，住居用洗剤は取り扱い方によって危険を伴うものもあるため，表示をよく見て使用する必要があることなどにも気付くようにする。さらに，和室の畳の清掃の仕方にも触れ，日本の生活文化に気付くことができるようにする。

指導に当たっては，整理・整頓や清掃の仕方は家庭によって異なることから，児童の家庭での様々な工夫について交流する活動を通して，指導事項イにおける活動に生かすことができるよう配慮する。その際，家族の生活に合わせて整理・整頓の仕方を工夫し，清掃などを適切にすることによって，家族が楽しく快適に過ごすことができることに気付くようにする。また，A(2)「家庭生活と仕事」の

イの学習との関連を図り，実践する喜びや家族との関わりを感じながら学習を進めるよう配慮する。さらに，適切な整理・整頓や清掃は，家庭内の事故を防ぐための安全な住まい方を考える上でも大切であることに気付かせるなど，中学校での学習につながるよう配慮する。

例えば，整理・整頓については，散らかっている部屋の写真から整理・整頓の必要性について話し合ったり，教室や家庭科室の机や引き出し，棚やロッカーなどで試行することを通して，整理・整頓の多様な視点に気付かせたりする活動などが考えられる。清掃については，学校内での汚れ調べの活動などを通して，汚れの種類や汚れ方に応じた清掃の仕方を考えたり，ほうき，電気掃除機，化学雑巾などによる清掃の効果を比較し，適切な使い分けについて考えたりする活動などが考えられる。

イ　季節の変化に合わせた住まい方，整理・整頓や清掃の仕方を考え，快適な住まい方を工夫すること。

ここでは，快適な住まい方についての課題を解決するために，アで身に付けた基礎的・基本的な知識及び技能を活用し，健康・快適・安全などの視点から，季節の変化に合わせた住まい方及び整理・整頓や清掃の仕方を考え，工夫することができるようにする。

季節の変化に合わせた住まい方については，児童の身近な生活の中から，主に暑さ・寒さの調節，通風・換気，採光の仕方及び音に関する問題を見いだし，課題を設定するようにする。課題を解決するための方法については，コンピュータなどの情報手段を活用して自然を生かした住まい方などについて調べたり，児童が自ら方法を考えて通風・換気や採光などについて実験したりする活動や，児童一人一人の生活経験についての意見交流などを通して，より効果的な暑さ・寒さの調節方法や効率的な通風・換気や採光の仕方について検討できるようにする。

整理・整頓や清掃の仕方については，児童の身近な生活の中から，主に住まいの整理・整頓及び清掃に関する問題を見いだし，課題を設定するようにする。課題を解決するための方法については，整理・整頓や清掃の仕方について地域の人から様々な方法を教えてもらったり，家庭で調べたことを発表し合ったりする活動などを通して，より効果的な整理・整頓の仕方や効率的な清掃の仕方について検討できるようにする。

季節の変化に合わせた住まい方及び整理・整頓や清掃の仕方のいずれの場合にも，解決方法については，既習事項や自分の生活経験と関連付けて考え，適切な解決方法を選び，実践に向けて具体的に計画を立てることができるようにする。

実践の振り返りについては，計画どおりにできたこと，できなかったこと，あ

るいは実践の中で考え，工夫したことなどを評価し，実践発表会などを通して，どのように改善したらよいかを考えることができるようにする。

　指導に当たっては，解決方法を考え，計画を立てたり，実践したことを評価・改善したりする際，グループや学級内で交流するなどの活動を工夫し，児童が考えを広げたり深めたりできるよう配慮する。また，児童が課題を解決できた達成感や，実践する喜びを味わい，次の課題に主体的に取り組むことができるようにする。

　季節の変化に合わせた住まい方については，例えば，暑さ・寒さへの対処として様々な冷暖房機器を比較したり，通風・換気について，自然換気と換気扇等を比較したりするなど，住まい方を具体的に見直して工夫する活動などが考えられる。

　住まいの整理・整頓や清掃の仕方については，例えば，清掃の仕方を取り上げ，学校や家庭の居間，台所，トイレ，浴室などについて調べて実践交流したり，洗剤や清掃用具を用いて汚れの落ち方を比較し，その理由を考えたり，調べたりするなど，清掃の仕方を見直して工夫する活動などが考えられる。

　さらに，学校での学習を家庭や地域での実践として展開できるようにするために，児童の家庭の状況に十分配慮し，家庭や地域との連携を図るようにする。

（内容の取扱い）

---

(2)　内容の「B衣食住の生活」については，次のとおり取り扱うこと。
　ア　日本の伝統的な生活についても扱い，生活文化に気付くことができるよう配慮すること。

　「B衣食住の生活」の内容の学習では，生活文化を継承するための基礎として，日本の伝統的な生活について学ぶことを通して，生活文化を大切にしようとする態度を養うこととしている。例えば，(1)「食事の役割」における食事の仕方，(2)「調理の基礎」における米飯とみそ汁や和食のだし，(4)「衣服の着用と手入れ」及び(6)「快適な住まい方」における季節に合わせた着方や住まい方などと関わらせて，生活の仕方の知恵などについて具体的に扱い，生活文化の大切さに気付くことができるよう指導を工夫する必要がある。

C 消費生活・環境

「消費生活・環境」の内容は，(1)「物や金銭の使い方と買物」，(2)「環境に配慮した生活」の2項目で構成されている。

ここでは，課題をもって，持続可能な社会の構築に向けて身近な消費生活と環境を考え，工夫する活動を通して，消費生活・環境に関する知識及び技能を身に付けるとともに，それらの課題を解決する力を養い，身近な消費生活と環境をよりよくしようと工夫する実践的な態度を育成することをねらいとしている。

このねらいを実現するため，(1)及び(2)の項目は，それぞれ指導事項ア及びイで構成されている。指導事項のアは，消費生活・環境に配慮した生活に関する「知識及び技能」について示したものである。指導事項のイは，「思考力，判断力，表現力等」について示したものであり，アで身に付けた「知識及び技能」を日常生活で活用できるようにすることを意図している。

これらの二つの項目の冒頭では，次のように示している。

> 次の(1)及び(2)の項目について，課題をもって，持続可能な社会の構築に向けて身近な消費生活と環境を考え，工夫する活動を通して，次の事項を身に付けることができるよう指導する。

これは，目標(2)に示す学習過程を踏まえ，課題をもって考え，工夫する活動を通して，指導事項ア及びイについて関連を図って取り扱うことを明確にしたものである。また，生活の営みに係る見方・考え方と関わって，「C消費生活・環境」において考察する主な視点についても示している。

今回の改訂では，小学校と中学校の内容の系統性を図り，自立した消費者を育成するために，消費者教育に関する内容の一層の充実を図っている。小学校では，「買物の仕組みや消費者の役割」を新設し，中学校における「売買契約の仕組み」や「消費者の基本的な権利と責任」，「消費者被害の背景とその対応」の基礎となる学習ができるようにしている。また，これまでと同様に消費生活と環境に関する学習の関連を図ることにより，限りある物や金銭が大切であることや，自分の生活が身近な環境に与える影響に気付き，持続可能な社会の構築に向けて，主体的に生活を工夫できる消費者としての素地を育てることを意図している。さらに，(1)の「消費者の役割」の学習では，「A家族・家庭生活」の(1)のアで触れた持続可能な社会の構築などの視点と関連させて，消費生活や環境に配慮した生活の大切さに気付くことができるようにしている。

内容の指導に当たっては，「A家族・家庭生活」の(3)「家族や地域の人々との

関わり」や，「Ｂ衣食住の生活」の(2)「調理の基礎」，(5)「生活を豊かにするための布を用いた製作」及び(6)「快適な住まい方」などと関連を図り，生活で使う身近な物などを取り上げ，児童や家族の生活と結び付けて考え，実践的に学習できるよう配慮する。

　また，社会科や理科，総合的な学習の時間など他教科等との関連を図るとともに，中学校技術・家庭科との円滑な接続のために，基礎的・基本的な内容の確実な定着を図るよう配慮する。

　なお，児童によって家庭生活の状況が異なることから，各家庭や児童のプライバシーを尊重し，十分配慮しながら取り扱うようにする。個々の家庭の状況を十分に把握した上で，家庭や地域の人々の理解と協力を得て，適切な学習活動を行うようにする。

---

(1)　物や金銭の使い方と買物
　ア　次のような知識及び技能を身に付けること。
　(ｱ)　買物の仕組みや消費者の役割が分かり，物や金銭の大切さと計画的な使い方について理解すること。
　(ｲ)　身近な物の選び方，買い方を理解し，購入するために必要な情報の収集・整理が適切にできること。
　イ　購入に必要な情報を活用し，身近な物の選び方，買い方を考え，工夫すること。

（内容の取扱い）

　ア　(1)については，内容の「Ａ家族・家庭生活」の(3)，「Ｂ衣食住の生活」の(2)，(5)及び(6)で扱う用具や実習材料などの身近な物を取り上げること。
　イ　(1)のアの(ｱ)については，売買契約の基礎について触れること。

　ここでは，物や金銭の使い方と買物について，課題をもって，物や金銭の大切さについて理解し，買物の仕組みや消費者の役割，物や金銭の計画的な使い方，身近な物の選び方，買い方，情報の収集・整理に関する基礎的・基本的な知識及び技能を身に付け，身近な物の選び方，買い方を工夫することができるようにすることをねらいとしている。

　題材構成に当たっては，Ｃ(2)と関連させて，消費者の役割や身近な物の選び方を具体的に検討することなどが考えられる。また，「Ａ家族・家庭生活」の(3)「家族や地域の人々との関わり」と関連させて，家族との触れ合いや団らんで使う材料を取り上げたり，「Ｂ衣食住の生活」の(2)「調理の基礎」，(5)「生活を豊かにす

るための布を用いた製作」と関連させて，実習で使う材料を取り上げたりして，その選び方を考え，購入計画を立てることなども考えられる。

ア(ア)　買物の仕組みや消費者の役割が分かり，物や金銭の大切さと計画的な使い方について理解すること。

　ここでは，買物の仕組みや消費者の役割が分かり，生活を支える物や金銭の大切さと計画的な使い方について理解できるようにする。

　買物の仕組みについては，主に現金による店頭での買物を扱い，日常行っている買物が売買契約であることを理解できるようにする。売買契約の基礎としては，買う人（消費者）の申し出と売る人の承諾によって売買契約が成立すること，買う人はお金を払い，売る人は商品を渡す義務があること，商品を受け取った後は，買った人の一方的な理由で商品を返却することができないことについて扱い，理解できるようにする。

　消費者の役割については，買う前に本当に必要かどうかをよく考えることや，買った後に十分に活用して最後まで使い切ることを理解できるようにする。また，自分や家族の消費生活が環境などに与える影響についても考え，例えば，買物袋を持参したり，不用な包装は断ったりするなどの工夫をすることが消費者としての大切な役割であることに気付くようにする。さらに，買物で困ったことが起きた場合には，家族や先生などの大人に相談することや，保護者と共に消費生活センターなどの相談機関を利用することにも触れるようにする。

　物や金銭の大切さについては，家庭で扱う金銭（家庭の収入）は家族が働くことによって得られた限りあるものであり，物や金銭が自分と家族の生活を支えていることから，それらを有効に使うことの重要性を理解できるようにする。

　なお，プリペイドカードなどは，金銭と同じ価値があるため，金銭同様に大切に扱う必要があることを理解できるようにする。

　物や金銭の計画的な使い方については，限りある物や金銭を生かして使う必要性や方法が分かり，計画的な使い方を理解できるようにする。

　物の計画的な使い方については，物が必要になったときには，新しい物を購入する以外に，家庭にある物を活用したり，知人から譲ってもらったりするなどの方法もあることに気付くようにする。また，物を長く大切に使う方法についても理解できるようにする。

　金銭の計画的な使い方については，こづかいなど児童に取扱いが任された金銭に着目して購入の時期や金額を考えたり，購入のための貯蓄をしたりして，無駄のない使い方をすることが必要であることを理解できるようにする。

　指導に当たっては，買物の仕組みと消費者の役割については，児童に身近な物

の購入について取り上げ，消費者であることの自覚をもたせ，適切な消費行動をとる必要があることに気付くことができるよう配慮する。例えば，買物の仕組みについては，児童に身近な例で契約と約束の違いに気付かせたり，買物のどの場面で売買契約が成立したのかを考えさせたりする活動などが考えられる。消費者の役割については，自分や家族の買物の経験を基に購入した物の使い方について話し合う活動などが考えられる。

また，物や金銭の計画的な使い方については，身近な消費生活を振り返り，自分の課題に気付くことができるよう配慮する。例えば，学用品などの購入や使い方について振り返り，粗末に扱ったり，不用な物を購入したり，使える物を捨てたりしていないかなどを見直す活動などが考えられる。

なお，児童によって家庭生活の状況が異なることから，各家庭や児童のプライバシーを尊重し，十分配慮しながら取り扱うようにする。

この学習では，社会科の第3学年における「地域に見られる生産や販売の仕事」の学習と関連を図るよう配慮する。

ア(イ)　身近な物の選び方，買い方を理解し，購入するために必要な情報の収集・整理が適切にできること。

ここでは，身近な物の選び方，買い方を理解し，目的に合った品質のよい物を選んで購入するために必要な情報の収集・整理が適切にできるようにする。

身近な物の選び方については，児童が使う身近な物について取り上げ，値段や分量，品質などの選ぶ際の観点を理解できるようにする。また，目的に合った品質のよい物を選ぶためには，食品等に付けられた日付などの簡単な表示やマークなどを確認する必要があることを理解できるようにする。さらに，持続可能な社会の構築の視点から，環境に配慮されているか，詰め替えやリサイクルができるかなど，資源の有効利用を考えて選ぶことも大切であることに気付くようにする。

身近な物の買い方については，現金による店頭での買物を中心とし，予算や購入の時期，場所，必要な物を必要な分だけ買うことや，まとめて買うことなどについて考える必要があることを理解できるようにする。また，買う物をメモしておいたり，買物の記録をしたりするなどの大切さに気付くようにする。なお，通信販売については，地域や児童の実態に応じて触れるようにする。

購入するために必要な情報の収集・整理については，目的に合った品質のよい物を無駄なく購入するために，店の人から話を聞いたり，広告などを活用したりして情報を集め，値段や分量，品質など様々な視点から情報を整理することができるようにする。

指導に当たっては，身近な物を実際に購入する場面を想定し，具体的に考える

3
家庭科の
内容

ことができるよう配慮する。例えば，調理実習や製作に使う材料や用具を購入する場面を想定して，必要な情報を収集・整理し，選んだ理由や買い方について意見を交換し合う学習などが考えられる。

イ　購入に必要な情報を活用し，身近な物の選び方，買い方を考え，工夫すること。

　ここでは，身近な消費生活についての課題を解決するために，アで身に付けた基礎的・基本的な知識及び技能を活用し，持続可能な社会の構築などの視点から，物の選び方，買い方を考え，工夫することができるようにする。

　身近な物の選び方，買い方については，児童が生活の中で使う身近な物について問題を見いだし，課題を設定するようにする。課題を解決するための方法については，選び方では，食品等に付けられた日付などの簡単な表示やマークや，広告などの購入に必要な情報を調べたり，店の人から話を聞いたりするなど，情報を収集・整理して，値段や分量，品質など多様な観点から比較し検討できるようにする。また，買い方では，計画的に購入するために家庭で工夫していることを調べ，発表し合う活動などを通して，購入の時期や場所などについて検討できるようにする。いずれの場合にも，既習事項や自分の生活経験と関連付けて考え，適切な解決方法を選び，実践に向けて具体的に計画を立てることができるようにする。

　実践の振り返りについては，本当に必要かどうか，購入後に適切に活用しているかどうか，環境に与える影響はどうかなどを評価し，意見交流などを通して，これからの買物に生かすために，どのように改善したらよいかを考えることができるようにする。

　指導に当たっては，身近な物を実際に購入する場面を想定し，日常生活で実践できるよう配慮する。例えば，「A家族・家庭生活」の(3)「家族や地域の人々との関わり」での団らんや会食のための買物や，「B衣食住の生活」の(2)及び(5)における調理や製作の実習材料や，(6)の整理・整頓の学習での持ち物の見直しなどを取り上げ，計画を立てて購入の仕方を工夫する活動などが考えられる。また，遠足・集団宿泊的行事などの学校行事と関連を図って展開する学習も考えられる。

---

(2)　環境に配慮した生活
　　ア　自分の生活と身近な環境との関わりや環境に配慮した物の使い方などについて理解すること。
　　イ　環境に配慮した生活について物の使い方などを考え，工夫すること。

（内容の取扱い）

> ウ　(2)のイについては，内容の「B衣食住の生活」との関連を図り，実践
> 　的に学習できるようにすること。

　ここでは，環境に配慮した生活について，課題をもって，自分の生活と身近な
環境との関わりについて理解し，物の使い方などに関する基礎的・基本的な知識
を身に付け，環境に配慮した生活の仕方を工夫することができるようにすること
をねらいとしている。また，こうした学習を通して，身近な環境をよりよくしよ
うと工夫する実践的な態度の育成を図ることが考えられる。

　題材構成に当たっては，C(1)「物や金銭の使い方と買物」と関連させて，購入
した物の活用について振り返り，環境に配慮した物の使い方を見直すことなどが
考えられる。また，B(2)「調理の基礎」，B(5)「生活を豊かにするための布を用
いた製作」，及びB(6)「快適な住まい方」などと関連させて，実習材料などを無
駄なく使うことを考えたり，B(6)「快適な住まい方」の整理・整頓や清掃の学習
と関連させて，ごみの分別や減量の仕方を工夫したりすることなども考えられる。

ア　自分の生活と身近な環境との関わりや環境に配慮した物の使い方などについて理解すること。

　ここでは，自分の生活が身近な環境から影響を受けたり，影響を与えたりして
いることが分かり，環境に配慮した物の使い方などについて理解できるようにする。

　自分の生活と身近な環境との関わりについては，自分の生活を見直すことを通
して，多くの物を使っていることや，自分の生活が身近な環境から影響を受けた
り，逆に影響を与えたりしていることを理解できるようにする。

　環境に配慮した物の使い方などについては，環境にできるだけ負荷を掛けない
ように，物を長く大切に活用したり，無駄なく使い切ったり，使い終わった物を
他の用途に再利用したりすることが必要であることを理解できるようにする。

　指導に当たっては，「B衣食住の生活」の内容との関連を図り，調理の材料や
製作で使用する布などの具体的な物を対象として，実践的な学習が展開できるよ
う配慮する。例えば，実習材料の無駄のない使い方について発表し合うことを通
して，使い方を見直す必要があることに気付かせる活動などが考えられる。また，
資源やエネルギーなどを視点として，調理実習における材料や水，電気，ガスな
どの使い方を振り返り，グループで話し合う活動なども考えられる。

　この学習では，総合的な学習の時間において環境に関する現代的な諸課題を取
り上げている場合，それとの関連を図るよう配慮する。

イ　環境に配慮した生活について物の使い方などを考え，工夫すること。

　ここでは，環境に配慮した生活についての課題を解決するために，アで身に付けた基礎的・基本的な知識を活用し，持続可能な社会の構築などの視点から，自分の生活と身近な環境との関わり及び物の使い方などを考え，工夫することができるようにする。

　環境に配慮した生活については，自分の生活を見直すことを通して，物の使い方などについて問題を見いだし，課題を設定するようにする。課題を解決するための方法については，自分の生活を見直し，物の使い方などの工夫について考えたことをグループで話し合うなどの活動を通して，環境に配慮した生活のための工夫について検討できるようにする。その際，既習事項や自分の生活経験と関連付けて考え，適切な解決方法を選び，実践に向けて具体的に計画を立てることができるようにする。

　実践の振り返りについては，計画どおりにできたこと，できなかったこと，実践の中で考えたことなどを評価し，実践発表会などを通して，どのように改善したらよいかを考えることができるようにする。

　指導に当たっては，解決方法を考え，計画を立てたり，実践したことを評価・改善したりする際，グループや学級内で交流するなどの活動を工夫し，児童が考えを広げたり深めたりできるよう配慮する。また，環境への配慮については，家庭によって考えや取り組み方，実践している程度などが異なることから，児童一人一人の生活経験を生かすようにするとともに，自分の生活との結び付きに気付くように具体的な課題を設定するようにする。例えば，B(2)「調理の基礎」との関連を図り，材料や水，電気，ガスなどの使い方や，ごみを減らす工夫を考えて継続的に取り組むなど，家庭での実践に生かすために工夫する活動などが考えられる。B(6)のア(イ)「整理・整頓及び清掃の仕方」との関連を図り，使い終わった物を他の用途に再利用するなど，不用品を減らすために工夫する活動なども考えられる。また，リサイクル活動などの環境に配慮した地域の取組を調べ，協力する活動なども考えられる。

　さらに，学校での学習を家庭や地域での実践として展開できるようにするために，児童の家庭の状況に十分配慮し，家庭や地域との連携を図るようにする。

第3章　指導計画の作成と内容の取扱い

　第1章では，学習指導要領改訂の趣旨と要点，第2章では教科の目標と内容を示している。実際の指導においては，家庭科の目標，内容の構成，内容の取扱いなどについて理解を深め，改訂の趣旨に沿った指導計画を作成し，指導を行う必要がある。

　第3章では，学習指導に当たって特に留意するものとして，1指導計画作成の配慮事項，2内容の取扱いと指導上の配慮事項，3実習の指導を取り上げている。家庭科の目標を実現するため，教科の特質を踏まえ，一層効果的な学習指導が行われるように留意する。

● 1　指導計画作成上の配慮事項

1　指導計画の作成に当たっては，次の事項に配慮するものとする。

(1)　題材など内容や時間のまとまりを見通して，その中で育む資質・能力の育成に向けて，児童の主体的・対話的で深い学びの実現を図るようにすること。その際，生活の営みに係る見方・考え方を働かせ，知識を生活体験等と関連付けてより深く理解するとともに，日常生活の中から問題を見いだして様々な解決方法を考え，他者と意見交流し，実践を評価・改善して，新たな課題を見いだす過程を重視した学習の充実を図ること。

(2)　第2の内容の「A家族・家庭生活」から「C消費生活・環境」までの各項目に配当する授業時数及び各項目の履修学年については，児童や学校，地域の実態等に応じて各学校において適切に定めること。その際，「A家族・家庭生活」の(1)のアについては，第4学年までの学習を踏まえ，2学年間の学習の見通しをもたせるために，第5学年の最初に履修させるとともに，「A家族・家庭生活」，「B衣食住の生活」，「C消費生活・環境」の学習と関連させるようにすること。

(3)　第2の内容の「A家族・家庭生活」の(4)については，実践的な活動を家庭や地域などで行うことができるよう配慮し，2学年間で一つ又は二つの課題を設定して履修させること。その際，「A家族・家庭生活」の(2)又は(3)，「B衣食住の生活」，「C消費生活・環境」で学習した内容との関連を図り，課題を設定できるようにすること。

(4)　第2の内容の「B衣食住の生活」の(2)及び(5)については，学習の効果

を高めるため，2学年間にわたって取り扱い，平易なものから段階的に学習できるよう計画すること。

(5) 題材の構成に当たっては，児童や学校，地域の実態を的確に捉えるとともに，内容相互の関連を図り，指導の効果を高めるようにすること。その際，他教科等との関連を明確にするとともに，中学校の学習を見据え，系統的に指導ができるようにすること。

(6) 障害のある児童などについては，学習活動を行う場合に生じる困難さに応じた指導内容や指導方法の工夫を計画的・組織的に行うこと。

(7) 第1章総則の第1の2の(2)に示す道徳教育の目標に基づき，道徳科などとの関連を考慮しながら，第3章特別の教科道徳の第2に示す内容について，家庭科の特質に応じて適切な指導をすること。

今回の改訂においては，2学年にわたって学習する内容を「A家族・家庭生活」「B衣食住の生活」，「C消費生活・環境」で示しているが，これらは指導の順序や三つの内容別に指導をすることを示しているものではない。

指導に当たっては，教科の目標を達成するために，各内容の各項目の指導の順序を工夫し，各指導事項ア，イとの関連を図って題材を構成し，2学年間を見通して適切に配列して，効果的な学習指導ができるよう年間指導計画を作成するようにする。

指導計画の作成に当たっての配慮事項は次のとおりである。

(1) 「主体的・対話的で深い学び」の実現に向けた授業改善

この事項は，家庭科の指導計画の作成に当たり，児童の主体的・対話的で深い学びの実現を目指した授業改善を進めることとし，家庭科の特質に応じて，効果的な学習が展開できるように配慮すべき内容を示したものである。

家庭科の指導に当たっては，(1)「知識及び技能」が習得されるようにすること，(2)「思考力，判断力，表現力等」を育成すること，(3)「学びに向かう力，人間性等」を涵養することが偏りなく実現されるよう，題材など内容や時間のまとまりを見通しながら，主体的・対話的で深い学びの実現に向けた授業改善を行うことが重要である。

児童に家庭科の指導を通して「知識及び技能」や「思考力，判断力，表現力等」の育成を目指す授業改善を行うことはこれまでも多くの実践が重ねられてきている。そのような着実に取り組まれてきた実践を否定し，全く異なる指導方法を導入しなければならないと捉えるのではなく，児童や学校の実態，指導の内容に応じ，「主体的な学び」，「対話的な学び」，「深い学び」の視点から授業改善を図る

ことが重要である。

　主体的・対話的で深い学びは，必ずしも１単位時間の授業の中で全てが実現されるものではない。題材など内容や時間のまとまりの中で，例えば，主体的に学習に取り組めるよう学習の見通しを立てたり学習したことを振り返ったりして自身の学びや変容を自覚できる場面をどこに設定するか，対話によって自分の考えなどを広げたり深めたりする場面をどこに設定するか，学びの深まりをつくりだすために，児童が考える場面と教師が教える場面をどのように組み立てるか，といった視点で授業改善を進めることが求められる。また，児童や学校の実態に応じ，多様な学習活動を組み合わせて授業を組み立てていくことが重要であり，題材のまとまりを見通した学習を行うに当たり基礎となる知識及び技能の習得に課題が見られる場合には，それを身に付けるために，児童の主体性を引き出すなどの工夫を重ね，確実な習得を図ることが必要である。

　主体的・対話的で深い学びの実現に向けた授業改善を進めるに当たり，特に「深い学び」の視点に関して，各教科等の学びの深まりの鍵となるのが「見方・考え方」である。各教科等の特質に応じた物事を捉える視点や考え方である「見方・考え方」を，習得・活用・探究という学びの過程の中で働かせることを通じて，より質の高い深い学びにつなげることが重要である。

　家庭科の特質に応じた「主体的な学び」とは，題材を通して見通しをもち，日常生活の課題の発見や解決に取り組んだり，基礎的・基本的な知識及び技能の習得に粘り強く取り組んだり，実践を振り返って新たな課題を見付け，主体的に取り組んだりする態度を育む学びである。そのため，学習した内容を実際の生活で生かす場面を設定し，自分の生活が家庭や地域と深く関わっていることを認識したり，自分の成長を自覚して実践する喜びに気付いたりすることができる活動などを充実させることが重要である。

　「対話的な学び」とは，児童同士で協働したり，意見を共有して互いの考えを深めたり，家族や身近な人々などとの会話を通して考えを明確にしたりするなど，自らの考えを広げ深める学びである。

　「深い学び」とは，児童が日常生活の中から問題を見いだして課題を設定し，その解決に向けて様々な解決方法を考え，計画を立てて実践し，その結果を評価・改善し，さらに家庭や地域で実践するなどの一連の学習過程の中で，「生活の営みに係る見方・考え方」を働かせながら，課題の解決に向けて自分なりに考え，表現するなどして資質・能力を身に付ける学びである。このような学びを通して，日常生活に必要な事実的な知識が概念化されて質的に高まったり，技能の定着が図られたりする。また，このような学びの中で「主体的な学び」や「対話的な学び」を充実させることによって，家庭科が目指す「思考力，判断力，表現力等」も豊

1
指導計画
作成上の
配慮事項

かなものとなり，生活をよりよくしようと工夫する資質・能力が育まれる。

⑵　各項目に配当する授業時数及び各項目の履修学年

　内容の「Ａ家族・家庭生活」から「Ｃ消費生活・環境」までの各項目に配当する授業時数及び各項目の履修学年については，児童や学校，地域の実態等を考慮し，各学校において適切な授業時数を配当するとともに，２学年間を見通して履修学年や指導内容を適切に配列する。

　「Ａ家族・家庭生活」の⑴のアについては，第４学年までの学習を踏まえ，２学年間の学習の見通しをもたせるためのガイダンスとして取り扱い，第５学年の最初に履修させるようにする。その際，家庭科の目標に示した「生活の営みに係る見方・考え方」の視点から家庭生活を見直し，工夫することが大切であることに気付かせ，各内容の役割や働きについて学習する項目につなげるようにする。

　また，「Ａ家族・家庭生活」から「Ｃ消費生活・環境」の各内容と関連させて扱う際には，２学年間を見通して，学期や学年の区切りなどの適切な時期に自分と家庭のつながりや成長した自分を確認できるように，他の内容と関連させた題材を効果的に配列するようにする。

⑶　「Ａ家族・家庭生活」の⑷の指導

　「Ａ家族・家庭生活」の⑷「家族・家庭生活についての課題と実践」の学習については，習得した知識及び技能などを活用し，生活を工夫し，よりよい生活に向けて課題を解決する能力と実践的な態度を育むために，「Ａ家族・家庭生活」の⑵又は⑶，「Ｂ衣食住の生活」，「Ｃ消費生活・環境」で学習した内容との関連を図り，２学年間で一つ又は二つの課題を設定して履修させることとした。

　また，履修の時期については，実践的な活動を家庭や地域などで行うことができるよう，学校や地域の行事等と関連付けて学期中のある時期に実施したり，長期休業などを活用して実施したりするなどの方法が考えられる。

⑷　段階的な題材の配列

　Ｂ⑵「調理の基礎」及びＢ⑸「生活を豊かにするための布を用いた製作」については，基礎的・基本的な知識及び技能の定着を図り，学習が無理なく効果的に進められるようにするために，２学年にわたって扱うようにする。基礎的なものから応用的なものへ，簡単なものから複雑なものへと次第に発展するように，段階的に題材を配列する。また，反復が必要なものについては，題材に繰り返し位置付けるなど，指導計画を工夫する。

　なお，Ｂ⑵「調理の基礎」及びＢ⑸「生活を豊かにするための布を用いた製作」

以外の項目で構成された題材についても，学年の発展性や系統性，季節，学校行事，地域等との関連を考え配列する。

⑸　題材の構成

　題材の構成に当たっては，育成する資質・能力を明確にし，その育成を図ることができるように，関連する内容の組合せを工夫したり，学習過程との関連を図ったりする必要がある。

　関連する内容の組合せについては，家庭生活を総合的に捉えることができるよう，「A家族・家庭生活」から「C消費生活・環境」までの各内容項目や指導事項の相互の関連を図って題材を構成し，効果的な学習が展開できるよう配慮することが大切である。その際，児童の家庭生活の状況，生活経験の有無などにより，児童の生活に対する興味・関心，学習意欲，思考の仕方，身に付いている知識や技能などは様々であることから，内容に関する児童の実態を的確に捉え，学校，地域における行事等との関連を図るなど，より身近な題材を設定するよう配慮する。また，他教科等との関連を明確にするとともに，中学校の学習を見据え，系統的な指導ができるよう配慮する必要がある。

　学習過程との関連については，内容AからCまでの各項目における指導事項のアで身に付けた「知識及び技能」を指導事項イにおいて活用し，「思考力，判断力，表現力等」を育み，家庭や地域での実践につなげることができるよう題材を構成し，効果的な指導を工夫することが大切である。例えば，基本的な教材で習得した基礎的・基本的な知識及び技能を応用的な教材で活用することを通して，児童が充実感や達成感を味わうことができるように教材を工夫して題材を構成することも必要である。また，家庭や地域での実践についても一連の学習過程に位置付けて題材を構成することも考えられる。

⑹　障害のある児童への指導

　障害者の権利に関する条約に掲げられたインクルーシブ教育システムの構築を目指し，児童の自立と社会参加を一層推進していくためには，通常の学級，通級による指導，特別支援学級，特別支援学校において，児童の十分な学びを確保し，一人一人の児童の障害の状態や発達の段階に応じた指導や支援を一層充実させていく必要がある。

　通常の学級においても，発達障害を含む障害のある児童が在籍している可能性があることを前提に，全ての教科等において，一人一人の教育的ニーズに応じたきめ細かな指導や支援ができるよう，障害種別の指導の工夫のみならず，各教科等の学びの過程において考えられる困難さに対する指導の工夫の意図，手立てを

明確にすることが重要である。

これを踏まえ，今回の改訂では，障害のある児童などの指導に当たっては，個々の児童によって，見えにくさ，聞こえにくさ，道具の操作の困難さ，移動上の制約，健康面や安全面での制約，発音のしにくさ，心理的な不安定，人間関係形成の困難さ，読み書きや計算等の困難さ，注意の集中を持続することが苦手など，学習活動を行う場合に生じる困難さが異なることに留意し，個々の児童の困難さに応じた指導内容や指導方法を工夫することを，各教科等において示している。

その際，家庭科の目標や内容の趣旨，学習活動のねらいを踏まえ，学習内容の変更や学習活動の代替を安易に行うことがないよう留意するとともに，児童の学習負担や心理面にも配慮する必要がある。

例えば，家庭科における配慮として，次のようなものが考えられる。

学習に集中したり，持続したりすることが難しい場合には，落ち着いて学習できるようにするため，道具や材料を必要最小限に抑えて準備したり，整理・整頓された学習環境で学習できるよう工夫したりすることが考えられる。また，活動への関心をもつことが難しい場合には，約束や注意点，手順等を視覚的に捉えられる掲示物やカードを明示したり，体感できる教材・教具を活用したりして関心を高めることが考えられる。周囲の状況に気が散りやすく，包丁，アイロン，ミシンなどの用具を安全に使用することが難しい場合には，手元に集中して安全に作業に取り組めるよう，個別の対応ができるような作業スペースや作業時間を確保することなどが考えられる。

なお，学校においては，こうした点を踏まえ，個別の指導計画を作成し，必要な配慮を記載し，翌年度の担任等に引き継ぐことなどが必要である。

⑺ 道徳の時間などとの関連

家庭科の指導においては，その特質に応じて，道徳について適切に指導する必要がある。

第1章総則第1の2⑵においては，「学校における道徳教育は，特別の教科である道徳（以下「道徳科」という。）を要として学校の教育活動全体を通じて行うものであり，道徳科はもとより，各教科，外国語活動，総合的な学習の時間及び特別活動のそれぞれの特質に応じて，児童の発達の段階を考慮して，適切な指導を行うこと」と規定されている。

家庭科における道徳教育の指導においては，学習活動や学習態度への配慮，教師の態度や行動による感化とともに，以下に示すような家庭科と道徳教育との関連を明確に意識しながら，適切な指導を行う必要がある。

家庭科においては，目標を「生活の営みに係る見方・考え方を働かせ，衣食住

などに関する実践的・体験的な活動を通して，生活をよりよくしようと工夫する資質・能力を次のとおり育成することを目指す」と示している。

　生活をよりよくしようと工夫する資質・能力を育てることは，生活習慣の大切さを知り，自分の生活を見直すことにつながるものである。また，家庭生活を大切にする心情を育むことは，家族を敬愛し，楽しい家庭をつくり，家族の役に立つことをしようとすることにつながるものである。

　次に，道徳教育の要としての特別の教科である道徳（以下「道徳科」という）の指導との関連を考慮する必要がある。家庭科で扱った内容や教材の中で適切なものを，道徳科に活用することが効果的な場合もある。例えば，「B衣食住の生活」において扱う生活文化に関する教材を，道徳科の「伝統と文化の尊重」における具体例として活用することなどが考えられる。また，道徳科で取り上げたことに関連する内容や教材を家庭科で扱う場合には，道徳科における指導の成果を生かすように工夫することも考えられる。例えば，「A家族・家庭生活」の学習において，道徳科の「家族愛，家庭生活の充実」で用いた教材を活用し，指導することなどが考えられる。そのためにも，家庭科の年間指導計画の作成などに際して，道徳教育の全体計画との関連，指導の内容及び時期等に配慮し，両者が相互に効果を高め合うようにすることが大切である。

●2 内容の取扱いと指導上の配慮事項

　2　第2の内容の取扱いについては，次の事項に配慮するものとする。

　(1)　指導に当たっては，衣食住など生活の中の様々な言葉を実感を伴って理解する学習活動や，自分の生活における課題を解決するために言葉や図表などを用いて生活をよりよくする方法を考えたり，説明したりするなどの学習活動の充実を図ること。

　(2)　指導に当たっては，コンピュータや情報通信ネットワークを積極的に活用して，実習等における情報の収集・整理や，実践結果の発表などを行うことができるように工夫すること。

　(3)　生活の自立の基礎を培う基礎的・基本的な知識及び技能を習得するために，調理や製作等の手順の根拠について考えたり，実践する喜びを味わったりするなどの実践的・体験的な活動を充実すること。

　(4)　学習内容の定着を図り，一人一人の個性を生かし伸ばすよう，児童の特性や生活体験などを把握し，技能の習得状況に応じた少人数指導や教材・教具の工夫など個に応じた指導の充実に努めること。

---

(5) 家庭や地域との連携を図り，児童が身に付けた知識及び技能などを日常生活に活用できるよう配慮すること。

(1) 言語活動の充実

　家庭科では，国語科を中心として育まれた言語能力を基に，調理や製作等における体験を通して生活の中の様々な言葉を実感を伴って理解するようにしたり，観察や実習等の際のレポート作成や考察，思考したことを発表したりするなどの言語活動を通して，教科のねらいをより確実に定着させることができる。また，言語を活用することは，思考そのものの深まりを促す視点もあり，学んだ知識及び技能を生活に生かす際の工夫する能力の育成にもつながっていく。

　そこで，家庭科で用いる「団らん」，「健康」，「手入れ」，「快適さ」，「ゆでる」などの生活に関連の深い様々な言葉が，児童自身の中で実感を伴った明確な概念として形作られるようにすること，つまり，生活の中で生きた言葉となるよう配慮することが求められる。児童がこれらの言葉に触れ，調理や製作などの実習を行ったり，目的をもって学習対象を観察したり，触れたり，味わったりするなどの実践的・体験的な活動を行うことによって，様々な驚きや感動とともに，一つ一つの言葉が児童自身の生活の中で生きた言葉へと変化すると考えられる。

　例えば，「沸騰」という言葉を日常的に使っていても，沸騰した状態を具体的にイメージできる児童は少ないものである。ほうれん草を沸騰したお湯の中でゆでて味わってみるという活動を通して，「ほうれん草をおいしくゆでることができた」という感動とともに，「沸騰」という言葉が，児童の生活の中で初めて実感を伴う生きた言葉となる。このように，生活の様々な事象を実感の伴う生きた言葉として理解することにより，人が生活を営むことのよさやその価値に触れ，生活への感性を高めていくことができるようになる。

　また，言葉や図表，概念などを用いて，自分の課題に基づき生活をよりよくする方法を考えたり，実習などで体験したことを説明したり，表現したり，話し合ったりするなどの活動を充実するよう配慮することが求められる。

　例えば，自分の生活における課題を解決するための活動として，「衣服の手入れ」の学習を行う場合，まず，家庭での洗濯についての問題点を児童の具体的な生活経験と関連付けながら家族へのインタビューなどから探ったり，汚れた靴下を試し洗いしたりすることで課題をつかむようにする。次に，その課題を追究する場面では，比較実験や調べる活動を行い，その結果から分かったことや考えたことを言葉や図表，グラフにまとめ，それを発表し合い活用の仕方を考えるなどの活動を行うことが考えられる。このような学習を通して，身近な生活への理解が深まるとともに，生活をよりよくしようとする意欲や生活で活用する能力などを身

に付けることができるようになる。

　以上のように，実践的・体験的な活動や問題解決的な学習を通して，言語活動の充実を図りながら家庭科の学習指導を進めていくことによって，生活への感性が高まるとともに，日常生活に必要な基礎的・基本的な知識及び技能やそれらを活用する能力が身に付き，生活をよりよくしようと工夫する実践的な態度を育むことができる。

(2)　コンピュータや情報通信ネットワークの活用

　今回の改訂における主体的・対話的で深い学びの実現には，コンピュータや情報通信ネットワークの活用が重要な役割を果たす。そのため，児童の思考の過程や結果を可視化したり，考えたことを瞬時に共有化したり，情報を収集し，編集したりすることを繰り返し行い，試行錯誤する学習場面において，積極的に活用することが大切である。

　家庭科においては，日常生活の中から問題を見いだして課題を設定したり，解決したりする際に，情報通信ネットワークを活用して調べ，その情報を収集・整理することが考えられる。また，観察・実験・実習等の結果や考察したことを分かりやすく表現したり，実践の結果をまとめて発表したりする際にコンピュータを活用することが考えられる。

　例えば，汚れの種類による清掃の仕方について，情報通信ネットワークを活用して調べ，収集した情報を基に解決方法を検討したり，洗濯の仕方について，グループごとに課題をもって実験し，気付いたことをコンピュータを活用して共有し，洗濯のポイントをまとめたりすることなどが考えられる。また，グループで包丁の使い方をタブレット端末で撮影し合い，繰り返し再現するなどして使い方を振り返ったり，試行錯誤したりしながら，適切な技能を身に付けることなども考えられる。

(3)　実践的・体験的な活動の充実

　日常生活に必要な基礎的・基本的な知識及び技能は，実習や観察，調査，実験などの活動を通して習得するものであり，家庭科では，生活の自立の基礎を培うため，従来から実践的・体験的な活動を重視している。家庭科の目標にも「実践的・体験的な活動を通して」と示されており，児童が自ら直接的な体験を通して，調理や製作等の手順の根拠について考えることにより，科学的な理解につなげ，知識及び技能の習得を確かなものにすることができると考えられる。

　また，家庭科において，家庭生活を支える仕事を実践する喜びや，自分が作品を完成させることができたという達成感を味わうことは，知識及び技能を習得す

る意義を実感する機会でもある。さらに，失敗や困難を乗り越え，やり遂げたという成就感は，自分への自信にもつながる。すなわち，家庭科における学習意欲を向上させる観点からも，実践的・体験的な活動を重視することとしている。

これら一連の活動を通して，家庭科が目指す生活をよりよくしようと工夫する資質・能力を育てることができるのである。

指導に当たっては，実践的・体験的な活動を中心とし，児童が学習の中で習得した知識及び技能を生活の場で生かせるよう，児童の実態を踏まえた具体的な活動を設定することが必要である。その際，児童の発達の段階や学習のねらいを考慮するとともに，調理，製作等の実習や，観察，実験など，それぞれの特徴を生かした適切な活動を設定し，指導の効果を高めるようにする。

⑷　個に応じた指導の充実

家庭科における学習内容の定着を図り，一人一人の個性を生かし伸ばすようにするためには，児童の特性や生活体験などを把握し，ティームティーチングや少人数指導を取り入れたり，教材・教具を工夫したりするなど，個に応じた指導を充実することが大切である。

学習内容の定着を図るためには，例えば，児童の技能の習熟の程度や興味・関心などを把握し，調理や製作等の実習や，観察，実験などの指導において，ティームティーチングや少人数指導を取り入れ，個別指導を適切に行うことが考えられる。その際，グループだけではなく，ペアでの学習や一人で調理を行うなど，学習形態の工夫も考えられる。

また，児童一人一人の個性を生かし伸ばすようにするためには，例えば，児童が自らの学習課題をもち，興味・関心等に応じて学習コースを選択することにより，意欲的に追究する学習を進めることが考えられる。その際，題材に応じて課題別，習熟度別など，幾つかのコースを用意することにより，自分に合ったコースを選び，学習を進めることなどが考えられる。

いずれの場合においても，学習への興味・関心や学習効果を高めるために，コンピュータや情報通信ネットワークなどを積極的に活用するとともに，視聴覚教材や教育機器などの教材・教具を適切に活用することが大切である。また，地域の人材を活用するなど，指導体制を充実することも考えられる。

⑸　家庭や地域との連携

家庭科の学習を通して身に付ける知識及び技能などは，繰り返して学習したり日常生活で活用したりして定着を図ることができる。学習したことを家庭生活に生かし，継続的に実践できるようにするためには，家庭との連携を積極的に図る

必要がある。例えば，家庭科の学習のねらいや内容について，授業参観や学年便り，学級便り等を通して情報を提供するなど，家族が家庭科の学習の意義や内容を理解できるようにする。また，家庭での実践が計画されていることを事前に伝えたり，協力を依頼したりすることなども考えられる。そのことによって，家庭での実践への理解が深まり，児童が家庭の協力を得て，日常生活や長期休業中の家庭生活で充実した実践ができるようになる。

さらに，幼児又は低学年の児童や高齢者など異なる世代の人々と関わる活動等も考えられることから，学校や地域の実態等に応じて，教育活動の実施に必要な人的又は物的な支援体制を地域の人々の協力を得ながら整えるなど，地域との連携を図る必要がある。例えば，生活文化の大切さを伝える活動などにおいては，地域の高齢者の協力を得ることにより，効果的な学習を展開することが考えられる。

なお，幼児や高齢者など地域の人々を招いて学習活動を行う際は，相手に対して配慮するとともに安全面に留意する。

特に，「Ａ家族・家庭生活」の(4)「家庭生活についての課題と実践」においては，家庭や地域と積極的に連携を図り，効果的に学習が進められるよう配慮する。その際，家庭や地域で実践したことを発表するようにしたり，家族や地域の人々からの称賛を得たりすることなどによって，家庭や地域で実践する喜びを味わわせ，自信を育てるようにする。

●3　実習の指導

家庭科は，実践的・体験的な活動を通して学習することを特徴としているので，その中心的な学習活動である調理や製作などの実習を安全かつ効果的に進めるために，次の事項に配慮し，事故の防止に留意する必要がある。

3　実習の指導に当たっては，次の事項に配慮するものとする。
　(1)　施設・設備の安全管理に配慮し，学習環境を整備するとともに，熱源や用具，機械などの取扱いに注意して事故防止の指導を徹底すること。
　(2)　服装を整え，衛生に留意して用具の手入れや保管を適切に行うこと。
　(3)　調理に用いる食品については，生の魚や肉は扱わないなど，安全・衛生に留意すること。また，食物アレルギーについても配慮すること。

---

(1)　施設・設備の安全管理に配慮し，学習環境を整備するとともに，熱源や用具，機械などの取扱いに注意して事故防止の指導を徹底すること。

実習室の安全管理については，各学校の実態に即し，機器類の使い方を含めて

実習室の使い方に関する安全規則を定め，これらを掲示したり，指導計画の中に位置付けたりすることが大切である。また，事故や災害が発生した場合の応急措置や連絡等，緊急時の対応についても指導の徹底を図るようにする。

実習室の学習環境については，採光，通風，換気等に留意するとともに，児童の作業能率や動線等を考慮して設備を配備したり，作業台の間隔を十分確保したりするなど，事故防止に努める。

さらに，設備の安全管理については，指導者が学習前後に機器類の安全確認を行うとともに，定期的な点検を実施するなど，常に最良の状況を保持できるように留意する。

なお，実習室の管理に当たっては，学習環境の整った実習室そのものが，児童の学習意欲を高める効果があることに留意し，題材に関する資料や，児童の主体的な学習を支える教材等を実習室内に掲示するなど，児童の学習意欲を喚起するような工夫も必要である。

一方，児童の安全指導については，実習に際して常に安全管理と事故の防止に努めることが大切であることを理解させ，それらを安全に扱うことができるようにし，基本的な操作を身に付けるように指導する。さらに，使用場所や用具の配置の仕方で作業の能率が高まり，事故の防止に役立つことにも気付かせるようにする。

例えば，調理実習では，調理台の整理・整頓や用具の配置などを工夫させる。また，熱源の回りにふきんやノート類などの燃えやすい物を置かないことや，熱源の適切な点火・消火の確認や調理中の換気について指導する。加熱用調理器具の余熱にも注意させる。洗剤類の保管についても，誤用のないように十分留意する。また，製作実習では，針の本数の確認や折れた針の始末などを徹底させるとともに，アイロンについては，使用場所や置き方に留意し，火傷などを引き起こさないように指導する。機械については，ミシンなど重量のある物の配置，コードの取扱い方などについて十分に配慮させる。

⑵　服装を整え，衛生に留意して用具の手入れや保管を適切に行うこと。

服装については，活動がしやすく安全性に配慮したものを準備して着用するように指導する。例えば，調理実習での服装は，清潔で，付いた汚れが分かりやすいエプロンなどを身に付けさせたり，袖口をまくったり腕カバーを付けたりするなどして作業に適したものを用いることや，髪の毛などが食品や調理器具等に触れないように三角巾を着けるなどの工夫をさせる。なお，製作や調理実習の前には手指を十分に洗うなど衛生面にも留意するように指導する。

調理実習における用具の手入れについては，次のことに留意して指導する。

・加熱用調理器具は，回りの汚れを拭き取ること。

・調理用具は，使用したらなるべく早く丁寧に洗い，よく水気を取るようにすること。

・油の汚れは，紙や古い布などで拭き取ってから洗うようにすること。

・包丁は，安全に気を付けてよく洗い，水気を拭き取ること。

・まな板は，使用後，流し水をかけながら洗い，十分乾燥すること。

・ふきんは，洗剤を用いて洗い，直射日光に当てて乾燥すること。

　用具の保管については，安全や衛生に留意して指導する。例えば，調理実習については，茶碗などを重ねすぎないようにしたり，清潔な場所に収納したりするようにする。製作実習については，使用する針類，はさみ類，アイロン，ミシンなどの用具の安全な保管方法についても指導を徹底するとともに，アイロンは冷めてから収納場所に保管する。また，包丁やはさみは本数を確認し，保管箱に入れたりカバーを付けたりするなど，保管には十分留意し，常に安全管理に努めるように指導する。

(3)　調理に用いる食品については，生の魚や肉は扱わないなど，安全・衛生に留意すること。また，食物アレルギーについても配慮すること。

　米飯とみそ汁，青菜とじゃがいも以外は題材を指定していないため，地域や学校，児童の実態に応じた多様な食品を用いることになる。調理に用いる材料は安全や衛生を考えて選択するようにする。児童が家庭から持参する場合は，実習の前に指導者が腐敗していないか匂いや色などを確かめたり，実習時間までの保管に十分留意したりする。特に，生の魚や肉については調理の基礎を学習していない小学校の段階では，生の魚や肉の加熱不足が生じやすく，食品や調理器具等の衛生的な取扱いが難しいことから，用いないようにする。卵を用いる場合には，新鮮であることを確認し，加熱調理をするように指導する。

　また，食物アレルギーについては，児童の食物アレルギーに関する正確な情報の把握に努め，発症の原因となりやすい食物の管理や，発症した場合の緊急時対応について各学校の基本方針等をもとに事前確認を行うとともに，保護者や関係機関等との情報共有を確実に行い，事故の防止に努めるようにする。具体的には，調理実習で扱う材料にアレルギーの原因となる物質を含む食品が含まれていないかを確認する。食品によっては直接口に入れなくても，手に触れたり，調理したときの蒸気を吸ったりすることで発症する場合もあるので十分配慮する。

小学校家庭，中学校技術・家庭　家庭分野で育成を目指す資質・能力の系統表

			小学校	中学校
知識及び技能			日常生活に必要な家族や家庭，衣食住，消費や環境などについての基礎的な理解と，それらに係る技能	生活の自立に必要な家族・家庭，衣食住，消費や環境などについての基礎的な理解と，それらに係る技能
	A 家族・家庭生活		・家庭生活と家族の大切さ，家族との協力についての基礎的な理解 ・家庭の仕事と生活時間についての基礎的な理解 ・家族との関わりについての基礎的な理解	・家族・家庭の基本的な機能，家族や地域の人々との協力・協働についての基礎的な理解 ・家族関係，家庭生活と地域との関わりについての基礎的な理解
			・地域の人々（幼児又は低学年の児童や高齢者など異なる世代の人々）との関わりについての基礎的な理解	・幼児の発達と生活，幼児の遊びの意義についての基礎的な理解 幼児や高齢者との関わり方についての基礎的な理解
	B 衣食住の生活	食生活	・食事の役割についての基礎的な理解 ・調理の基礎についての基礎的な理解と技能 ・栄養を考えた食事についての基礎的な理解	・食事の役割と中学生の栄養の特徴についての基礎的な理解 ・中学生に必要な栄養を満たす食事についての基礎的な理解 ・日常食の調理と地域の食文化についての基礎的な理解と技能
		衣生活	・衣服の主な働き 衣服の着用と手入れについての基礎的な理解と技能 ・布を用いた製作についての基礎的な理解と技能	・衣服と社会生活との関わり 衣服の選択と着用，計画的な活用と手入れについての基礎的な理解と技能 ・布を用いた製作についての基礎的な理解と技能
		住生活	・住まいの主な働き 季節の変化に合わせた住まい方 住まいの整理・整頓や清掃の仕方についての基礎的な理解と技能	・住居の基本的な機能 家族の生活と住空間との関わり 家族の安全を考えた住空間の整え方についての基礎的な理解
	C 消費生活・環境		・物や金銭の使い方と買物についての基礎的な理解と技能 ・環境に配慮した生活についての基礎的な理解	・金銭の管理と購入についての基礎的な理解と技能 ・消費者の権利と責任についての基礎的な理解
思考力、判断力、表現力等			日常生活の中から問題を見いだして課題を設定し，課題を解決する力	家族・家庭や地域における生活の中から問題を見いだして課題を設定し，これからの生活を展望して課題を解決する力
	A 家族・家庭生活		・日常生活の中から家族・家庭生活について問題を見いだし，課題をもって考え，解決する力	・家族・家庭や地域における生活の中から家族・家庭生活について問題を見いだし，課題をもって考え，解決する力
	B 衣食住の生活	食生活	・日常生活の中から食生活について問題を見いだし，課題をもって考え，解決する力	・家族・家庭や地域における生活の中から食生活について問題を見いだし，課題をもって考え，解決する力
		衣生活	・日常生活の中から衣生活について問題を見いだし，課題をもって考え，解決する力	・家族・家庭や地域における生活の中から衣生活について問題を見いだし，課題をもって考え，解決する力
		住生活	・日常生活の中から住生活について問題を見いだし，課題をもって考え，解決する力	・家族・家庭や地域における生活の中から住生活について問題を見いだし，課題をもって考え，解決する力
	C 消費生活・環境		・日常生活の中から消費生活・環境について問題を見いだし，課題をもって考え，解決する力	・家族・家庭や地域における生活の中から消費生活・環境について問題を見いだし，課題をもって考え，解決する力
学びに向かう力、人間性等			家族の一員として，生活をよりよくしようと工夫する実践的な態度	家族や地域の人々と協働し，よりよい生活の実現に向けて，生活を工夫し創造しようとする実践的な態度
	A 家族・家庭生活		・家庭生活をよりよくしようと工夫する実践的な態度 ・家族や地域の人々と関わり，協力しようとする態度	・家庭生活を工夫し創造しようとする実践的な態度 ・家庭生活を支える一員として生活をよりよくしようとする態度 ・地域の人々と関わり、協働しようとする態度
	B 衣食住の生活	食生活	・食生活をよりよくしようと工夫する実践的な態度 ・食生活における日本の生活文化を大切にしようとする態度	・食生活を工夫し創造しようとする実践的な態度 ・食生活における日本の生活文化を継承しようとする態度
		衣生活	・衣生活をよりよくしようと工夫する実践的な態度 ・衣生活における日本の生活文化を大切にしようとする態度	・衣生活を工夫し創造しようとする実践的な態度 ・衣生活における日本の生活文化を継承しようとする態度
		住生活	・住生活をよりよくしようと工夫する実践的な態度 ・住生活における日本の生活文化を大切にしようとする態度	・住生活を工夫し創造しようとする実践的な態度 ・住生活における日本の生活文化を継承しようとする態度
	C 消費生活・環境		・身近な消費生活と環境をよりよくしようと工夫する実践的な態度	・身近な消費生活と環境について工夫し創造しようとする実践的な態度

⇧　　　　　　　　　　⇧

			小学校	中学校
生活の課題と実践	A 家族・家庭生活		・日常生活の中から問題を見いだして課題を設定し，よりよい生活を考え，計画を立てて実践できること	・家族，幼児の生活又は地域の生活の中から問題を見いだして課題を設定し，その解決に向けてよりよい生活を考え，計画を立てて実践できること
	B 衣食住の生活			・食生活，衣生活，住生活の中から問題を見いだして課題を設定し，その解決に向けてよりよい生活を考え，計画を立てて実践できること
	C 消費生活・環境			・自分や家族の消費生活の中から問題を見いだして課題を設定し，その解決に向けて環境に配慮した消費生活を考え，計画を立てて実践できること

小学校家庭，中学校技術・家庭　家庭分野の内容一覧

小学校	中学校
A　家族・家庭生活	**A　家族・家庭生活**
(1)　自分の成長と家族・家庭生活 　　ア　自分の成長の自覚，家庭生活と家族の大切さ，家族との協力 (2)　家庭生活と仕事 　　ア　家庭の仕事と生活時間 　　イ　家庭の仕事の計画と工夫 (3)　家族や地域の人々との関わり 　　ア(ｱ)　家族との触れ合いや団らん 　　　(ｲ)　地域の人々との関わり 　　イ　家族や地域の人々との関わりの工夫 (4)　家族・家庭生活についての課題と実践 　　ア　日常生活についての課題と計画，実践，評価	(1)　自分の成長と家族・家庭生活 　　ア　自分の成長と家庭生活との関わり，家族・家庭の基本的な機能，家族や地域の人々との協力・協働 (2)　幼児の生活と家族 　　ア(ｱ)　幼児の発達と生活の特徴，家族の役割 　　　(ｲ)　幼児の遊びの意義，幼児との関わり方 　　イ　幼児との関わり方の工夫 (3)　家族・家庭や地域との関わり 　　ア(ｱ)　家族の協力と家族関係 　　　(ｲ)　家庭生活と地域との関わり，高齢者との関わり方 　　イ　家族関係をよりよくする方法及び地域の人々と協働する方法の工夫 (4)　家族・家庭生活についての課題と実践 　　ア　家族，幼児の生活又は地域の生活についての課題と計画，実践，評価
B　衣食住の生活	**B　衣食住の生活**
(1)　食事の役割 　　ア　食事の役割と食事の大切さ，日常の食事の仕方 　　イ　楽しく食べるための食事の仕方の工夫 (2)　調理の基礎 　　ア(ｱ)　材料の分量や手順，調理計画 　　　(ｲ)　用具や食器の安全で衛生的な取扱い，加熱用調理器具の安全な取扱い 　　　(ｳ)　材料に応じた洗い方，調理に適した切り方，味の付け方，盛り付け，配膳及び後片付け 　　　(ｴ)　材料に適したゆで方，いため方 　　　(ｵ)　伝統的な日常食の米飯及びみそ汁の調理の仕方 　　イ　おいしく食べるための調理計画及び調理の工夫 (3)　栄養を考えた食事 　　ア(ｱ)　体に必要な栄養素の種類と働き 　　　(ｲ)　食品の栄養的な特徴と組合せ 　　　(ｳ)　献立を構成する要素，献立作成の方法 　　イ　1食分の献立の工夫 (4)　衣服の着用と手入れ 　　ア(ｱ)　衣服の主な働き，日常着の快適な着方 　　　(ｲ)　日常着の手入れ，ボタン付け及び洗濯の仕方 　　イ　日常着の快適な着方や手入れの工夫 (5)　生活を豊かにするための布を用いた製作 　　ア(ｱ)　製作に必要な材料や手順，製作計画 　　　(ｲ)　手縫いやミシン縫いによる縫い方，用具の安全な取扱い 　　イ　生活を豊かにするための布を用いた物の製作計画及び製作の工夫 (6)　快適な住まい方 　　ア(ｱ)　住まいの主な働き，季節の変化に合わせた生活の大切さや住まい方 　　　(ｲ)　住まいの整理・整頓や清掃の仕方 　　イ　季節の変化に合わせた住まい方，整理・整頓や清掃の仕方の工夫	(1)　食事の役割と中学生の栄養の特徴 　　ア(ｱ)　食事が果たす役割 　　　(ｲ)　中学生の栄養の特徴，健康によい食習慣 　　イ　健康によい食習慣の工夫 (2)　中学生に必要な栄養を満たす食事 　　ア(ｱ)　栄養素の種類と働き，食品の栄養的特質 　　　(ｲ)　中学生の1日に必要な食品の種類と概量，献立作成の方法 　　イ　中学生の1日分の献立の工夫 (3)　日常食の調理と地域の食文化 　　ア(ｱ)　用途に応じた食品の選択 　　　(ｲ)　食品や調理用具等の安全と衛生に留意した管理 　　　(ｳ)　材料に適した加熱調理の仕方，基礎的な日常食の調理 　　　(ｴ)　地域の食文化，地域の食材を用いた和食の調理 　　イ　日常の1食分のための食品の選択と調理計画及び調理の工夫 (4)　衣服の選択と手入れ 　　ア(ｱ)　衣服と社会生活との関わり，目的に応じた着用や個性を生かす着用，衣服の選択 　　　(ｲ)　衣服の計画的な活用，衣服の材料や状態に応じた日常着の手入れ 　　イ　日常着の選択や手入れの工夫 (5)　生活を豊かにするための布を用いた製作 　　ア　製作する物に適した材料や縫い方，用具の安全な取扱い 　　イ　生活を豊かにするための資源や環境に配慮した布を用いた物の製作計画及び製作の工夫 (6)　住居の機能と安全な住まい方 　　ア(ｱ)　家族の生活と住空間との関わり，住居の基本的な機能 　　　(ｲ)　家族の安全を考えた住空間の整え方 　　イ　家族の安全を考えた住空間の整え方の工夫 (7)　衣食住の生活についての課題と実践 　　ア　食生活，衣生活，住生活についての課題と計画，実践，評価
C　消費生活・環境	**C　消費生活・環境**
(1)　物や金銭の使い方と買物 　　ア(ｱ)　買物の仕組みや消費者の役割，物や金銭の大切さ，計画的な使い方 　　　(ｲ)　身近な物の選び方，買い方，情報の収集・整理 　　イ　身近な物の選び方，買い方の工夫 (2)　環境に配慮した生活 　　ア　身近な環境との関わり，物の使い方 　　イ　環境に配慮した物の使い方の工夫	(1)　金銭の管理と購入 　　ア(ｱ)　購入方法や支払い方法の特徴，計画的な金銭管理 　　　(ｲ)　売買契約の仕組み，消費者被害，物資・サービスの選択に必要な情報の収集・整理 　　イ　情報を活用した物資・サービスの購入の工夫 (2)　消費者の権利と責任 　　ア　消費者の基本的な権利と責任，消費生活が環境や社会に及ぼす影響 　　イ　自立した消費者としての消費行動の工夫 (3)　消費生活・環境についての課題と実践 　　ア　環境に配慮した消費生活についての課題と計画，実践，評価

※枠囲みは選択項目　3学年間で1以上を選択

3
実習の
指導

付録

目次

- 付録１：学校教育法施行規則（抄）
- 付録２：小学校学習指導要領　第１章　総則
- 付録３：小学校学習指導要領　第２章　第８節　家庭
- 付録４：中学校学習指導要領　第２章　第８説　技術・家庭
- 付録５：小学校学習指導要領　第３章　特別の教科　道徳
- 付録６：「道徳の内容」の学年段階・学校段階の一覧表
- 付録７：幼稚園教育要領

学校教育法施行規則（抄）

昭和二十二年五月二十三日文部省令第十一号
一部改正：平成二十九年三月三十一日文部科学省令第二十号
平成三十年八月二十七日文部科学省令第二十七号

第四章　小学校

第二節　教育課程

第五十条　小学校の教育課程は，国語，社会，算数，理科，生活，音楽，図画工作，家庭，体育及び外国語の各教科（以下この節において「各教科」という。），特別の教科である道徳，外国語活動，総合的な学習の時間並びに特別活動によつて編成するものとする。

2　私立の小学校の教育課程を編成する場合は，前項の規定にかかわらず，宗教を加えることができる。この場合においては，宗教をもつて前項の特別の教科である道徳に代えることができる。

第五十一条　小学校（第五十二条の二第二項に規定する中学校連携型小学校及び第七十九条の九第二項に規定する中学校併設型小学校を除く。）の各学年における各教科，特別の教科である道徳，外国語活動，総合的な学習の時間及び特別活動のそれぞれの授業時数並びに各学年におけるこれらの総授業時数は，別表第一に定める授業時数を標準とする。

第五十二条　小学校の教育課程については，この節に定めるもののほか，教育課程の基準として文部科学大臣が別に公示する小学校学習指導要領によるものとする。

第五十三条　小学校においては，必要がある場合には，一部の各教科について，これらを合わせて授業を行うことができる。

第五十四条　児童が心身の状況によつて履修することが困難な各教科は，その児童の心身の状況に適合するように課さなければならない。

第五十五条　小学校の教育課程に関し，その改善に資する研究を行うため特に必要があり，かつ，児童の教育上適切な配慮がなされていると文部科学大臣が認める場合においては，文部科学大臣が別に定めるところにより，第五十条第一項，第五十一条（中学校連携型小学校にあつては第五十二条の三，第七十九条の九第二項に規定する中学校併設型小学校にあつては第七十九条の十二において準用する第七十九条の五第一項）又は第五十二条の規定によらないことができる。

第五十五条の二　文部科学大臣が，小学校において，当該小学校又は当該小学校が設置されている地域の実態に照らし，より効果的な教育を実施するため，当該小学校又は当該地域の特色を生かした特別の教育課程を編成して教育を実施する必要があり，かつ，当該特別の教育課程について，教育基本法（平成十八年法律第百二十号）及び学校教育法第三十条第一項の規定等に照らして適切であり，児童の教育上適切な配慮がなされているものとして文部科学大臣が定める基準を満たしていると認める場合においては，文部科学大臣が別に定めるところにより，第五十条第一項，第五十一条（中学校連携型小学校にあつては第五十二条の三，第七十九条の九第二項に規定する中学校併設型小学校にあつては第七十九条の十二において準用する第七十九条の五第一項）又は第五十二条の規定の全部又は一部によらないことができる。

第五十六条　小学校において，学校生活への適応が困難であるため相当の期間小学校を欠席し引き続き欠席すると認められる児童を対象として，その実態に配慮した特別の教育課程を編成し

付録1

て教育を実施する必要があると文部科学大臣が認める場合においては，文部科学大臣が別に定めるところにより，第五十条第一項，第五十一条（中学校連携型小学校にあつては第五十二条の三，第七十九条の九第二項に規定する中学校併設型小学校にあつては第七十九条の十二において準用する第七十九条の五第一項）又は第五十二条の規定によらないことができる。

第五十六条の二　小学校において，日本語に通じない児童のうち，当該児童の日本語を理解し，使用する能力に応じた特別の指導を行う必要があるものを教育する場合には，文部科学大臣が別に定めるところにより，第五十条第一項，第五十一条（中学校連携型小学校にあつては第五十二条の三，第七十九条の九第二項に規定する中学校併設型小学校にあつては第七十九条の十二において準用する第七十九条の五第一項）及び第五十二条の規定にかかわらず，特別の教育課程によることができる。

第五十六条の三　前条の規定により特別の教育課程による場合においては，校長は，児童が設置者の定めるところにより他の小学校，義務教育学校の前期課程又は特別支援学校の小学部において受けた授業を，当該児童の在学する小学校において受けた当該特別の教育課程に係る授業とみなすことができる。

第五十六条の四　小学校において，学齢を経過した者のうち，その者の年齢，経験又は勤労の状況その他の実情に応じた特別の指導を行う必要があるものを夜間その他特別の時間において教育する場合には，文部科学大臣が別に定めるところにより，第五十条第一項，第五十一条（中学校連携型小学校にあつては第五十二条の三，第七十九条の九第二項に規定する中学校併設型小学校にあつては第七十九条の十二において準用する第七十九条の五第一項）及び第五十二条の規定にかかわらず，特別の教育課程によることができる。

第三節　学年及び授業日

第六十一条　公立小学校における休業日は，次のとおりとする。ただし，第三号に掲げる日を除き，当該学校を設置する地方公共団体の教育委員会（公立大学法人の設置する小学校にあつては，当該公立大学法人の理事長。第三号において同じ。）が必要と認める場合は，この限りでない。
一　国民の祝日に関する法律（昭和二十三年法律第百七十八号）に規定する日
二　日曜日及び土曜日
三　学校教育法施行令第二十九条第一項の規定により教育委員会が定める日
第六十二条　私立小学校における学期及び休業日は，当該学校の学則で定める。

第八章　特別支援教育

第百三十四条の二　校長は，特別支援学校に在学する児童等について個別の教育支援計画（学校と医療，保健，福祉，労働等に関する業務を行う関係機関及び民間団体（次項において「関係機関等」という。）との連携の下に行う当該児童等に対する長期的な支援に関する計画をいう。）を作成しなければならない。
2　校長は，前項の規定により個別の教育支援計画を作成するに当たつては，当該児童等又はその保護者の意向を踏まえつつ，あらかじめ，関係機関等と当該児童等の支援に関する必要な情

付録1

報の共有を図らなければならない。

第百三十八条　小学校，中学校若しくは義務教育学校又は中等教育学校の前期課程における特別支援学級に係る教育課程については，特に必要がある場合は，第五十条第一項（第七十九条の六第一項において準用する場合を含む。），第五十一条，第五十二条（第七十九条の六第一項において準用する場合を含む。），第五十二条の三，第七十二条（第七十九条の六第二項及び第百八条第一項において準用する場合を含む。），第七十三条，第七十四条（第七十九条の六第二項及び第百八条第一項において準用する場合を含む。），第七十四条の三，第七十六条，第七十九条の五（第七十九条の十二において準用する場合を含む。）及び第百七条（第百十七条において準用する場合を含む。）の規定にかかわらず，特別の教育課程によることができる。

第百三十九条の二　第百三十四条の二の規定は，小学校，中学校若しくは義務教育学校又は中等教育学校の前期課程における特別支援学級の児童又は生徒について準用する。

第百四十条　小学校，中学校，義務教育学校，高等学校又は中等教育学校において，次の各号のいずれかに該当する児童又は生徒（特別支援学級の児童及び生徒を除く。）のうち当該障害に応じた特別の指導を行う必要があるものを教育する場合には，文部科学大臣が別に定めるところにより，第五十条第一項（第七十九条の六第一項において準用する場合を含む。），第五十一条，第五十二条（第七十九条の六第一項において準用する場合を含む。），第五十二条の三，第七十二条（第七十九条の六第二項及び第百八条第一項において準用する場合を含む。），第七十三条，第七十四条（第七十九条の六第二項及び第百八条第一項において準用する場合を含む。），第七十四条の三，第七十六条，第七十九条の五（第七十九条の十二において準用する場合を含む。），第八十三条及び第八十四条（第百八条第二項において準用する場合を含む。）並びに第百七条（第百十七条において準用する場合を含む。）の規定にかかわらず，特別の教育課程によることができる。

一　言語障害者

二　自閉症者

三　情緒障害者

四　弱視者

五　難聴者

六　学習障害者

七　注意欠陥多動性障害者

八　その他障害のある者で，この条の規定により特別の教育課程による教育を行うことが適当なもの

第百四十一条　前条の規定により特別の教育課程による場合においては，校長は，児童又は生徒が，当該小学校，中学校，義務教育学校，高等学校又は中等教育学校の設置者の定めるところにより他の小学校，中学校，義務教育学校，高等学校，中等教育学校又は特別支援学校の小学部，中学部若しくは高等部において受けた授業を，当該小学校，中学校，義務教育学校，高等学校又は中等教育学校において受けた当該特別の教育課程に係る授業とみなすことができる。

第百四十一条の二　第百三十四条の二の規定は，第百四十条の規定により特別の指導が行われている児童又は生徒について準用する。

附 則（平成二十九年三月三十一日文部科学省令第二十号）

この省令は，平成三十二年四月一日から施行する。

別表第一（第五十一条関係）

区　　　　分		第1学年	第2学年	第3学年	第4学年	第5学年	第6学年
各 教 科 の 授 業 時 数	国　　　語	306	315	245	245	175	175
	社　　　会			70	90	100	105
	算　　　数	136	175	175	175	175	175
	理　　　科			90	105	105	105
	生　　　活	102	105				
	音　　　楽	68	70	60	60	50	50
	図 画 工 作	68	70	60	60	50	50
	家　　　庭					60	55
	体　　　育	102	105	105	105	90	90
	外　国　語					70	70
特別の教科である道徳の 授業時数		34	35	35	35	35	35
外国語活動の授業時数				35	35		
総 合 的 な 学 習 の 時 間 の 授 業 時 数				70	70	70	70
特 別 活 動 の 授 業 時 数		34	35	35	35	35	35
総　授　業　時　数		850	910	980	1015	1015	1015

備考

　一　この表の授業時数の一単位時間は，四十五分とする。

　二　特別活動の授業時数は，小学校学習指導要領で定める学級活動（学校給食に係るものを除く。）に充てるものとする。

　三　第五十条第二項の場合において，特別の教科である道徳のほかに宗教を加えるときは，宗教の授業時数をもつてこの表の特別の教科である道徳の授業時数の一部に代えることができる。（別表第二及び別表第四の場合においても同様とする。）

付録1

小学校学習指導要領　第1章　総則

第1　小学校教育の基本と教育課程の役割

1　各学校においては，教育基本法及び学校教育法その他の法令並びにこの章以下に示すところに従い，児童の人間として調和のとれた育成を目指し，児童の心身の発達の段階や特性及び学校や地域の実態を十分考慮して，適切な教育課程を編成するものとし，これらに掲げる目標を達成するよう教育を行うものとする。

2　学校の教育活動を進めるに当たっては，各学校において，第3の1に示す主体的・対話的で深い学びの実現に向けた授業改善を通して，創意工夫を生かした特色ある教育活動を展開する中で，次の(1)から(3)までに掲げる事項の実現を図り，児童に生きる力を育むことを目指すものとする。

(1)　基礎的・基本的な知識及び技能を確実に習得させ，これらを活用して課題を解決するために必要な思考力，判断力，表現力等を育むとともに，主体的に学習に取り組む態度を養い，個性を生かし多様な人々との協働を促す教育の充実に努めること。その際，児童の発達の段階を考慮して，児童の言語活動など，学習の基盤をつくる活動を充実するとともに，家庭との連携を図りながら，児童の学習習慣が確立するよう配慮すること。

(2)　道徳教育や体験活動，多様な表現や鑑賞の活動等を通して，豊かな心や創造性の涵養を目指した教育の充実に努めること。

　　学校における道徳教育は，特別の教科である道徳（以下「道徳科」という。）を要として学校の教育活動全体を通じて行うものであり，道徳科はもとより，各教科，外国語活動，総合的な学習の時間及び特別活動のそれぞれの特質に応じて，児童の発達の段階を考慮して，適切な指導を行うこと。

　　道徳教育は，教育基本法及び学校教育法に定められた教育の根本精神に基づき，自己の生き方を考え，主体的な判断の下に行動し，自立した人間として他者と共によりよく生きるための基盤となる道徳性を養うことを目標とすること。

　　道徳教育を進めるに当たっては，人間尊重の精神と生命に対する畏敬の念を家庭，学校，その他社会における具体的な生活の中に生かし，豊かな心をもち，伝統と文化を尊重し，それらを育んできた我が国と郷土を愛し，個性豊かな文化の創造を図るとともに，平和で民主的な国家及び社会の形成者として，公共の精神を尊び，社会及び国家の発展に努め，他国を尊重し，国際社会の平和と発展や環境の保全に貢献し未来を拓く主体性のある日本人の育成に資することとなるよう特に留意すること。

(3)　学校における体育・健康に関する指導を，児童の発達の段階を考慮して，学校の教育活動全体を通じて適切に行うことにより，健康で安全な生活と豊かなスポーツライフの実現を目指した教育の充実に努めること。特に，学校における食育の推進並びに体力の向上に関する指導，安全に関する指導及び心身の健康の保持増進に関する指導については，体育科，家庭科及び特別活動の時間はもとより，各教科，道徳科，外国語活動及び総合的な学習の時間などにおいてもそれぞれの特質に応じて適切に行うよう努めること。また，それらの指導を通して，家庭や地域社会との連携を図りながら，日常生活において適切な体育・健康に関する活動の実践を促し，生涯を通じて健康・安全で活力ある生活を送るための基礎が培われるよう配慮すること。

3　2の(1)から(3)までに掲げる事項の実現を図り，豊かな創造性を備え持続可能な社会の創り手となることが期待される児童に，生きる力を育むことを目指すに当たっては，学校教育全体並びに各教科，道徳科，外国語活動，総合的な学習の時間及び特別活動（以下「各教科等」という。た

付録2

だし，第2の3の(2)のア及びウにおいて，特別活動については学級活動（学校給食に係るものを除く。）に限る。）の指導を通してどのような資質・能力の育成を目指すのかを明確にしながら，教育活動の充実を図るものとする。その際，児童の発達の段階や特性等を踏まえつつ，次に掲げることが偏りなく実現できるようにするものとする。

(1) 知識及び技能が習得されるようにすること。

(2) 思考力，判断力，表現力等を育成すること。

(3) 学びに向かう力，人間性等を涵養すること。

4 各学校においては，児童や学校，地域の実態を適切に把握し，教育の目的や目標の実現に必要な教育の内容等を教科等横断的な視点で組み立てていくこと，教育課程の実施状況を評価してその改善を図っていくこと，教育課程の実施に必要な人的又は物的な体制を確保するとともにその改善を図っていくことなどを通して，教育課程に基づき組織的かつ計画的に各学校の教育活動の質の向上を図っていくこと（以下「カリキュラム・マネジメント」という。）に努めるものとする。

● 第2 教育課程の編成

1 各学校の教育目標と教育課程の編成

教育課程の編成に当たっては，学校教育全体や各教科等における指導を通して育成を目指す資質・能力を踏まえつつ，各学校の教育目標を明確にするとともに，教育課程の編成についての基本的な方針が家庭や地域とも共有されるよう努めるものとする。その際，第5章総合的な学習の時間の第2の1に基づき定められる目標との関連を図るものとする。

2 教科等横断的な視点に立った資質・能力の育成

(1) 各学校においては，児童の発達の段階を考慮し，言語能力，情報活用能力（情報モラルを含む。），問題発見・解決能力等の学習の基盤となる資質・能力を育成していくことができるよう，各教科等の特質を生かし，教科等横断的な視点から教育課程の編成を図るものとする。

(2) 各学校においては，児童や学校，地域の実態及び児童の発達の段階を考慮し，豊かな人生の実現や災害等を乗り越えて次代の社会を形成することに向けた現代的な諸課題に対応して求められる資質・能力を，教科等横断的な視点で育成していくことができるよう，各学校の特色を生かした教育課程の編成を図るものとする。

3 教育課程の編成における共通的事項

(1) 内容等の取扱い

ア 第2章以下に示す各教科，道徳科，外国語活動及び特別活動の内容に関する事項は，特に示す場合を除き，いずれの学校においても取り扱わなければならない。

イ 学校において特に必要がある場合には，第2章以下に示していない内容を加えて指導することができる。また，第2章以下に示す内容の取扱いのうち内容の範囲や程度等を示す事項は，全ての児童に対して指導するものとする内容の範囲や程度等を示したものであり，学校において特に必要がある場合には，この事項にかかわらず加えて指導することができる。ただし，これらの場合には，第2章以下に示す各教科，道徳科，外国語活動及び特別活動の目標や内容の趣旨を逸脱したり，児童の負担過重となったりすることのないようにしなければならない。

ウ 第2章以下に示す各教科，道徳科，外国語活動及び特別活動の内容に掲げる事項の順序は，特に示す場合を除き，指導の順序を示すものではないので，学校においては，その取扱いについて適切な工夫を加えるものとする。

エ 学年の内容を2学年まとめて示した教科及び外国語活動の内容は，2学年間かけて指導す

る事項を示したものである。各学校においては，これらの事項を児童や学校，地域の実態に応じ，2学年間を見通して計画的に指導することとし，特に示す場合を除き，いずれかの学年に分けて，又はいずれの学年においても指導するものとする。

オ　学校において2以上の学年の児童で編制する学級について特に必要がある場合には，各教科及び道徳科の目標の達成に支障のない範囲内で，各教科及び道徳科の目標及び内容について学年別の順序によらないことができる。

カ　道徳科を要として学校の教育活動全体を通じて行う道徳教育の内容は，第3章特別の教科道徳の第2に示す内容とし，その実施に当たっては，第6に示す道徳教育に関する配慮事項を踏まえるものとする。

(2)　授業時数等の取扱い

ア　各教科等の授業は，年間35週（第1学年については34週）以上にわたって行うよう計画し，週当たりの授業時数が児童の負担過重にならないようにするものとする。ただし，各教科等や学習活動の特質に応じ効果的な場合には，夏季，冬季，学年末等の休業日の期間に授業日を設定する場合を含め，これらの授業を特定の期間に行うことができる。

イ　特別活動の授業のうち，児童会活動，クラブ活動及び学校行事については，それらの内容に応じ，年間，学期ごと，月ごとなどに適切な授業時数を充てるものとする。

ウ　各学校の時間割については，次の事項を踏まえ適切に編成するものとする。

　(ア)　各教科等のそれぞれの授業の1単位時間は，各学校において，各教科等の年間授業時数を確保しつつ，児童の発達の段階及び各教科等や学習活動の特質を考慮して適切に定めること。

　(イ)　各教科等の特質に応じ，10分から15分程度の短い時間を活用して特定の教科等の指導を行う場合において，教師が，単元や題材など内容や時間のまとまりを見通した中で，その指導内容の決定や指導の成果の把握と活用等を責任をもって行う体制が整備されているときは，その時間を当該教科等の年間授業時数に含めることができること。

　(ウ)　給食，休憩などの時間については，各学校において工夫を加え，適切に定めること。

　(エ)　各学校において，児童や学校，地域の実態，各教科等や学習活動の特質等に応じて，創意工夫を生かした時間割を弾力的に編成できること。

エ　総合的な学習の時間における学習活動により，特別活動の学校行事に掲げる各行事の実施と同様の成果が期待できる場合においては，総合的な学習の時間における学習活動をもって相当する特別活動の学校行事に掲げる各行事の実施に替えることができる。

(3)　指導計画の作成等に当たっての配慮事項

各学校においては，次の事項に配慮しながら，学校の創意工夫を生かし，全体として，調和のとれた具体的な指導計画を作成するものとする。

ア　各教科等の指導内容については，(1)のアを踏まえつつ，単元や題材など内容や時間のまとまりを見通しながら，そのまとめ方や重点の置き方に適切な工夫を加え，第3の1に示す主体的・対話的で深い学びの実現に向けた授業改善を通して資質・能力を育む効果的な指導ができるようにすること。

イ　各教科等及び各学年相互間の関連を図り，系統的，発展的な指導ができるようにすること。

ウ　学年の内容を2学年まとめて示した教科及び外国語活動については，当該学年間を見通して，児童や学校，地域の実態に応じ，児童の発達の段階を考慮しつつ，効果的，段階的に指導するようにすること。

エ　児童の実態等を考慮し，指導の効果を高めるため，児童の発達の段階や指導内容の関連性

等を踏まえつつ，合科的・関連的な指導を進めること。

4　学校段階等間の接続

教育課程の編成に当たっては，次の事項に配慮しながら，学校段階等間の接続を図るものとする。

(1)　幼児期の終わりまでに育ってほしい姿を踏まえた指導を工夫することにより，幼稚園教育要領等に基づく幼児期の教育を通して育まれた資質・能力を踏まえて教育活動を実施し，児童が主体的に自己を発揮しながら学びに向かうことが可能となるようにすること。

　　また，低学年における教育全体において，例えば生活科において育成する自立し生活を豊かにしていくための資質・能力が，他教科等の学習においても生かされるようにするなど，教科等間の関連を積極的に図り，幼児期の教育及び中学年以降の教育との円滑な接続が図られるよう工夫すること。特に，小学校入学当初においては，幼児期において自発的な活動としての遊びを通して育まれてきたことが，各教科等における学習に円滑に接続されるよう，生活科を中心に，合科的・関連的な指導や弾力的な時間割の設定など，指導の工夫や指導計画の作成を行うこと。

(2)　中学校学習指導要領及び高等学校学習指導要領を踏まえ，中学校教育及びその後の教育との円滑な接続が図られるよう工夫すること。特に，義務教育学校，中学校連携型小学校及び中学校併設型小学校においては，義務教育9年間を見通した計画的かつ継続的な教育課程を編成すること。

● 第3　教育課程の実施と学習評価

1　主体的・対話的で深い学びの実現に向けた授業改善

各教科等の指導に当たっては，次の事項に配慮するものとする。

(1)　第1の3の(1)から(3)までに示すことが偏りなく実現されるよう，単元や題材など内容や時間のまとまりを見通しながら，児童の主体的・対話的で深い学びの実現に向けた授業改善を行うこと。

　　特に，各教科等において身に付けた知識及び技能を活用したり，思考力，判断力，表現力等や学びに向かう力，人間性等を発揮させたりして，学習の対象となる物事を捉え思考することにより，各教科等の特質に応じた物事を捉える視点や考え方（以下「見方・考え方」という。）が鍛えられていくことに留意し，児童が各教科等の特質に応じた見方・考え方を働かせながら，知識を相互に関連付けてより深く理解したり，情報を精査して考えを形成したり，問題を見いだして解決策を考えたり，思いや考えを基に創造したりすることに向かう過程を重視した学習の充実を図ること。

(2)　第2の2の(1)に示す言語能力の育成を図るため，各学校において必要な言語環境を整えるとともに，国語科を要としつつ各教科等の特質に応じて，児童の言語活動を充実すること。あわせて，(7)に示すとおり読書活動を充実すること。

(3)　第2の2の(1)に示す情報活用能力の育成を図るため，各学校において，コンピュータや情報通信ネットワークなどの情報手段を活用するために必要な環境を整え，これらを適切に活用した学習活動の充実を図ること。また，各種の統計資料や新聞，視聴覚教材や教育機器などの教材・教具の適切な活用を図ること。

　　あわせて，各教科等の特質に応じて，次の学習活動を計画的に実施すること。

ア　児童がコンピュータで文字を入力するなどの学習の基盤として必要となる情報手段の基本的な操作を習得するための学習活動

イ　児童がプログラミングを体験しながら，コンピュータに意図した処理を行わせるために必

要な論理的思考力を身に付けるための学習活動

(4) 児童が学習の見通しを立てたり学習したことを振り返ったりする活動を，計画的に取り入れるように工夫すること。

(5) 児童が生命の有限性や自然の大切さ，主体的に挑戦してみることや多様な他者と協働することの重要性などを実感しながら理解することができるよう，各教科等の特質に応じた体験活動を重視し，家庭や地域社会と連携しつつ体系的・継続的に実施できるよう工夫すること。

(6) 児童が自ら学習課題や学習活動を選択する機会を設けるなど，児童の興味・関心を生かした自主的，自発的な学習が促されるよう工夫すること。

(7) 学校図書館を計画的に利用しその機能の活用を図り，児童の主体的・対話的で深い学びの実現に向けた授業改善に生かすとともに，児童の自主的，自発的な学習活動や読書活動を充実すること。また，地域の図書館や博物館，美術館，劇場，音楽堂等の施設の活用を積極的に図り，資料を活用した情報の収集や鑑賞等の学習活動を充実すること。

2 学習評価の充実

学習評価の実施に当たっては，次の事項に配慮するものとする。

(1) 児童のよい点や進歩の状況などを積極的に評価し，学習したことの意義や価値を実感できるようにすること。また，各教科等の目標の実現に向けた学習状況を把握する観点から，単元や題材など内容や時間のまとまりを見通しながら評価の場面や方法を工夫して，学習の過程や成果を評価し，指導の改善や学習意欲の向上を図り，資質・能力の育成に生かすようにすること。

(2) 創意工夫の中で学習評価の妥当性や信頼性が高められるよう，組織的かつ計画的な取組を推進するとともに，学年や学校段階を越えて児童の学習の成果が円滑に接続されるように工夫すること。

● 第4 児童の発達の支援

1 児童の発達を支える指導の充実

教育課程の編成及び実施に当たっては，次の事項に配慮するものとする。

(1) 学習や生活の基盤として，教師と児童との信頼関係及び児童相互のよりよい人間関係を育てるため，日頃から学級経営の充実を図ること。また，主に集団の場面で必要な指導や援助を行うガイダンスと，個々の児童の多様な実態を踏まえ，一人一人が抱える課題に個別に対応した指導を行うカウンセリングの双方により，児童の発達を支援すること。

あわせて，小学校の低学年，中学年，高学年の学年の時期の特長を生かした指導の工夫を行うこと。

(2) 児童が，自己の存在感を実感しながら，よりよい人間関係を形成し，有意義で充実した学校生活を送る中で，現在及び将来における自己実現を図っていくことができるよう，児童理解を深め，学習指導と関連付けながら，生徒指導の充実を図ること。

(3) 児童が，学ぶことと自己の将来とのつながりを見通しながら，社会的・職業的自立に向けて必要な基盤となる資質・能力を身に付けていくことができるよう，特別活動を要としつつ各教科等の特質に応じて，キャリア教育の充実を図ること。

(4) 児童が，基礎的・基本的な知識及び技能の習得も含め，学習内容を確実に身に付けることができるよう，児童や学校の実態に応じ，個別学習やグループ別学習，繰り返し学習，学習内容の習熟の程度に応じた学習，児童の興味・関心等に応じた課題学習，補充的な学習や発展的な学習などの学習活動を取り入れることや，教師間の協力による指導体制を確保することなど，指導方法や指導体制の工夫改善により，個に応じた指導の充実を図ること。その際，第3の1

の(3)に示す情報手段や教材・教具の活用を図ること。
2　特別な配慮を必要とする児童への指導
(1)　障害のある児童などへの指導
　　ア　障害のある児童などについては，特別支援学校等の助言又は援助を活用しつつ，個々の
　　　児童の障害の状態等に応じた指導内容や指導方法の工夫を組織的かつ計画的に行うものとす
　　　る。
　　イ　特別支援学級において実施する特別の教育課程については，次のとおり編成するものとす
　　　る。
　　(ア)　障害による学習上又は生活上の困難を克服し自立を図るため，特別支援学校小学部・中
　　　学部学習指導要領第7章に示す自立活動を取り入れること。
　　(イ)　児童の障害の程度や学級の実態等を考慮の上，各教科の目標や内容を下学年の教科の目
　　　標や内容に替えたり，各教科を，知的障害者である児童に対する教育を行う特別支援学校
　　　の各教科に替えたりするなどして，実態に応じた教育課程を編成すること。
　　ウ　障害のある児童に対して，通級による指導を行い，特別の教育課程を編成する場合には，
　　　特別支援学校小学部・中学部学習指導要領第7章に示す自立活動の内容を参考とし，具体
　　　的な目標や内容を定め，指導を行うものとする。その際，効果的な指導が行われるよう，
　　　各教科等と通級による指導との関連を図るなど，教師間の連携に努めるものとする。
　　エ　障害のある児童などについては，家庭，地域及び医療や福祉，保健，労働等の業務を行
　　　う関係機関との連携を図り，長期的な視点で児童への教育的支援を行うために，個別の教
　　　育支援計画を作成し活用することに努めるとともに，各教科等の指導に当たって，個々の
　　　児童の実態を的確に把握し，個別の指導計画を作成し活用することに努めるものとする。
　　　特に，特別支援学級に在籍する児童や通級による指導を受ける児童については，個々の児
　　　童の実態を的確に把握し，個別の教育支援計画や個別の指導計画を作成し，効果的に活用
　　　するものとする。
(2)　海外から帰国した児童などの学校生活への適応や，日本語の習得に困難のある児童に対する
　　日本語指導
　　ア　海外から帰国した児童などについては，学校生活への適応を図るとともに，外国における
　　　生活経験を生かすなどの適切な指導を行うものとする。
　　イ　日本語の習得に困難のある児童については，個々の児童の実態に応じた指導内容や指導方
　　　法の工夫を組織的かつ計画的に行うものとする。特に，通級による日本語指導については，
　　　教師間の連携に努め，指導についての計画を個別に作成することなどにより，効果的な指導
　　　に努めるものとする。
(3)　不登校児童への配慮
　　ア　不登校児童については，保護者や関係機関と連携を図り，心理や福祉の専門家の助言又は
　　　援助を得ながら，社会的自立を目指す観点から，個々の児童の実態に応じた情報の提供その
　　　他の必要な支援を行うものとする。
　　イ　相当の期間小学校を欠席し引き続き欠席すると認められる児童を対象として，文部科学大
　　　臣が認める特別の教育課程を編成する場合には，児童の実態に配慮した教育課程を編成する
　　　とともに，個別学習やグループ別学習など指導方法や指導体制の工夫改善に努めるものとする。

付録2

● 第5　学校運営上の留意事項

1　教育課程の改善と学校評価等

　ア　各学校においては，校長の方針の下に，校務分掌に基づき教職員が適切に役割を分担しつつ，相互に連携しながら，各学校の特色を生かしたカリキュラム・マネジメントを行うよう努めるものとする。また，各学校が行う学校評価については，教育課程の編成，実施，改善が教育活動や学校運営の中核となることを踏まえ，カリキュラム・マネジメントと関連付けながら実施するよう留意するものとする。

　イ　教育課程の編成及び実施に当たっては，学校保健計画，学校安全計画，食に関する指導の全体計画，いじめの防止等のための対策に関する基本的な方針など，各分野における学校の全体計画等と関連付けながら，効果的な指導が行われるように留意するものとする。

2　家庭や地域社会との連携及び協働と学校間の連携

教育課程の編成及び実施に当たっては，次の事項に配慮するものとする。

　ア　学校がその目的を達成するため，学校や地域の実態等に応じ，教育活動の実施に必要な人的又は物的な体制を家庭や地域の人々の協力を得ながら整えるなど，家庭や地域社会との連携及び協働を深めること。また，高齢者や異年齢の子供など，地域における世代を越えた交流の機会を設けること。

　イ　他の小学校や，幼稚園，認定こども園，保育所，中学校，高等学校，特別支援学校などとの間の連携や交流を図るとともに，障害のある幼児児童生徒との交流及び共同学習の機会を設け，共に尊重し合いながら協働して生活していく態度を育むようにすること。

● 第6　道徳教育に関する配慮事項

付録2

　道徳教育を進めるに当たっては，道徳教育の特質を踏まえ，前項までに示す事項に加え，次の事項に配慮するものとする。

1　各学校においては，第1の2の(2)に示す道徳教育の目標を踏まえ，道徳教育の全体計画を作成し，校長の方針の下に，道徳教育の推進を主に担当する教師（以下「道徳教育推進教師」という。）を中心に，全教師が協力して道徳教育を展開すること。なお，道徳教育の全体計画の作成に当たっては，児童や学校，地域の実態を考慮して，学校の道徳教育の重点目標を設定するとともに，道徳科の指導方針，第3章特別の教科道徳の第2に示す内容との関連を踏まえた各教科，外国語活動，総合的な学習の時間及び特別活動における指導の内容及び時期並びに家庭や地域社会との連携の方法を示すこと。

2　各学校においては，児童の発達の段階や特性等を踏まえ，指導内容の重点化を図ること。その際，各学年を通じて，自立心や自律性，生命を尊重する心や他者を思いやる心を育てることに留意すること。また，各学年段階においては，次の事項に留意すること。

　(1)　第1学年及び第2学年においては，挨拶などの基本的な生活習慣を身に付けること，善悪を判断し，してはならないことをしないこと，社会生活上のきまりを守ること。

　(2)　第3学年及び第4学年においては，善悪を判断し，正しいと判断したことを行うこと，身近な人々と協力し助け合うこと，集団や社会のきまりを守ること。

　(3)　第5学年及び第6学年においては，相手の考え方や立場を理解して支え合うこと，法やきまりの意義を理解して進んで守ること，集団生活の充実に努めること，伝統と文化を尊重し，それらを育んできた我が国と郷土を愛するとともに，他国を尊重すること。

3　学校や学級内の人間関係や環境を整えるとともに，集団宿泊活動やボランティア活動，自然体

験活動，地域の行事への参加などの豊かな体験を充実すること。また，道徳教育の指導内容が，
児童の日常生活に生かされるようにすること。その際，いじめの防止や安全の確保等にも資する
こととなるよう留意すること。

4　学校の道徳教育の全体計画や道徳教育に関する諸活動などの情報を積極的に公表したり，道徳
教育の充実のために家庭や地域の人々の積極的な参加や協力を得たりするなど，家庭や地域社会
との共通理解を深め，相互の連携を図ること。

付録2

小学校学習指導要領　第2章　第8節　家庭

● 第1　目　標

生活の営みに係る見方・考え方を働かせ，衣食住などに関する実践的・体験的な活動を通して，生活をよりよくしようと工夫する資質・能力を次のとおり育成することを目指す。

(1)　家族や家庭，衣食住，消費や環境などについて，日常生活に必要な基礎的な理解を図るとともに，それらに係る技能を身に付けるようにする。

(2)　日常生活の中から問題を見いだして課題を設定し，様々な解決方法を考え，実践を評価・改善し，考えたことを表現するなど，課題を解決する力を養う。

(3)　家庭生活を大切にする心情を育み，家族や地域の人々との関わりを考え，家族の一員として，生活をよりよくしようと工夫する実践的な態度を養う。

● 第2　各学年の内容

〔第5学年及び第6学年〕

1　内　容

A　家族・家庭生活

次の(1)から(4)までの項目について，課題をもって，家族や地域の人々と協力し，よりよい家庭生活に向けて考え，工夫する活動を通して，次の事項を身に付けることができるよう指導する。

(1)　自分の成長と家族・家庭生活

ア　自分の成長を自覚し，家庭生活と家族の大切さや家庭生活が家族の協力によって営まれていることに気付くこと。

(2)　家庭生活と仕事

ア　家庭には，家庭生活を支える仕事があり，互いに協力し分担する必要があることや生活時間の有効な使い方について理解すること。

イ　家庭の仕事の計画を考え，工夫すること。

(3)　家族や地域の人々との関わり

ア　次のような知識を身に付けること。

(ｱ)　家族との触れ合いや団らんの大切さについて理解すること。

(ｲ)　家庭生活は地域の人々との関わりで成り立っていることが分かり，地域の人々との協力が大切であることを理解すること。

イ　家族や地域の人々とのよりよい関わりについて考え，工夫すること。

(4)　家族・家庭生活についての課題と実践

ア　日常生活の中から問題を見いだして課題を設定し，よりよい生活を考え，計画を立てて実践できること。

B　衣食住の生活

次の(1)から(6)までの項目について，課題をもって，健康・快適・安全で豊かな食生活，衣生活，住生活に向けて考え，工夫する活動を通して，次の事項を身に付けることができるよう指導する。

(1)　食事の役割

ア　食事の役割が分かり，日常の食事の大切さと食事の仕方について理解すること。

イ　楽しく食べるために日常の食事の仕方を考え，工夫すること。

(2) 調理の基礎

　ア　次のような知識及び技能を身に付けること。

　　(ア)　調理に必要な材料の分量や手順が分かり，調理計画について理解すること。

　　(イ)　調理に必要な用具や食器の安全で衛生的な取扱い及び加熱用調理器具の安全な取扱いについて理解し，適切に使用できること。

　　(ウ)　材料に応じた洗い方，調理に適した切り方，味の付け方，盛り付け，配膳及び後片付けを理解し，適切にできること。

　　(エ)　材料に適したゆで方，いため方を理解し，適切にできること。

　　(オ)　伝統的な日常食である米飯及びみそ汁の調理の仕方を理解し，適切にできること。

　イ　おいしく食べるために調理計画を考え，調理の仕方を工夫すること。

(3) 栄養を考えた食事

　ア　次のような知識を身に付けること。

　　(ア)　体に必要な栄養素の種類と主な働きについて理解すること。

　　(イ)　食品の栄養的な特徴が分かり，料理や食品を組み合わせてとる必要があることを理解すること。

　　(ウ)　献立を構成する要素が分かり，1食分の献立作成の方法について理解すること。

　イ　1食分の献立について栄養のバランスを考え，工夫すること。

(4) 衣服の着用と手入れ

　ア　次のような知識及び技能を身に付けること。

　　(ア)　衣服の主な働きが分かり，季節や状況に応じた日常着の快適な着方について理解すること。

　　(イ)　日常着の手入れが必要であることや，ボタンの付け方及び洗濯の仕方を理解し，適切にできること。

　イ　日常着の快適な着方や手入れの仕方を考え，工夫すること。

(5) 生活を豊かにするための布を用いた製作

　ア　次のような知識及び技能を身に付けること。

　　(ア)　製作に必要な材料や手順が分かり，製作計画について理解すること。

　　(イ)　手縫いやミシン縫いによる目的に応じた縫い方及び用具の安全な取扱いについて理解し，適切にできること。

　イ　生活を豊かにするために布を用いた物の製作計画を考え，製作を工夫すること。

(6) 快適な住まい方

　ア　次のような知識及び技能を身に付けること。

　　(ア)　住まいの主な働きが分かり，季節の変化に合わせた生活の大切さや住まい方について理解すること。

　　(イ)　住まいの整理・整頓や清掃の仕方を理解し，適切にできること。

　イ　季節の変化に合わせた住まい方，整理・整頓や清掃の仕方を考え，快適な住まい方を工夫すること。

C　消費生活・環境

　次の(1)及び(2)の項目について，課題をもって，持続可能な社会の構築に向けて身近な消費生活と環境を考え，工夫する活動を通して，次の事項を身に付けることができるよう指導する。

(1) 物や金銭の使い方と買物

　ア　次のような知識及び技能を身に付けること。

　　(ア)　買物の仕組みや消費者の役割が分かり，物や金銭の大切さと計画的な使い方について理

付録3

解すること。

　　　(イ) 身近な物の選び方，買い方を理解し，購入するために必要な情報の収集・整理が適切に
　　　　できること。

　　イ　購入に必要な情報を活用し，身近な物の選び方，買い方を考え，工夫すること。

　(2) 環境に配慮した生活

　　ア　自分の生活と身近な環境との関わりや環境に配慮した物の使い方などについて理解するこ
　　　と。

　　イ　環境に配慮した生活について物の使い方などを考え，工夫すること。

2　内容の取扱い

　(1) 内容の「A家族・家庭生活」については，次のとおり取り扱うこと。

　　ア　(1)のアについては，AからCまでの各内容の学習と関連を図り，日常生活における様々な
　　　問題について，家族や地域の人々との協力，健康・快適・安全，持続可能な社会の構築等を
　　　視点として考え，解決に向けて工夫することが大切であることに気付かせるようにすること。

　　イ　(2)のイについては，内容の「B衣食住の生活」と関連を図り，衣食住に関わる仕事を具体
　　　的に実践できるよう配慮すること。

　　ウ　(3)については，幼児又は低学年の児童や高齢者など異なる世代の人々との関わりについて
　　　も扱うこと。また，イについては，他教科等における学習との関連を図るよう配慮すること。

　(2) 内容の「B衣食住の生活」については，次のとおり取り扱うこと。

　　ア　日本の伝統的な生活についても扱い，生活文化に気付くことができるよう配慮すること。

　　イ　(2)のアの(エ)については，ゆでる材料として青菜やじゃがいもなどを扱うこと。(オ)につい
　　　ては，和食の基本となるだしの役割についても触れること。

　　ウ　(3)のアの(ア)については，五大栄養素と食品の体内での主な働きを中心に扱うこと。(ウ)に
　　　ついては，献立を構成する要素として主食，主菜，副菜について扱うこと。

　　エ　食に関する指導については，家庭科の特質に応じて，食育の充実に資するよう配慮するこ
　　　と。また，第4学年までの食に関する学習との関連を図ること。

　　オ　(5)については，日常生活で使用する物を入れる袋などの製作を扱うこと。

　　カ　(6)のアの(ア)については，主として暑さ・寒さ，通風・換気，採光，及び音を取り上げる
　　　こと。暑さ・寒さについては，(4)のアの(ア)の日常着の快適な着方と関連を図ること。

　(3) 内容の「C消費生活・環境」については，次のとおり取り扱うこと。

　　ア　(1)については，内容の「A家族・家庭生活」の(3)，「B衣食住の生活」の(2)，(5)及び(6)で
　　　扱う用具や実習材料などの身近な物を取り上げること。

　　イ　(1)のアの(ア)については，売買契約の基礎について触れること。

　　ウ　(2)については，内容の「B衣食住の生活」との関連を図り，実践的に学習できるようにす
　　　ること。

● 第3　指導計画の作成と内容の取扱い

1　指導計画の作成に当たっては，次の事項に配慮するものとする。

　(1) 題材など内容や時間のまとまりを見通して，その中で育む資質・能力の育成に向けて，児童
　　の主体的・対話的で深い学びの実現を図るようにすること。その際，生活の営みに係る見方・
　　考え方を働かせ，知識を生活体験等と関連付けてより深く理解するとともに，日常生活の中か
　　ら問題を見いだして様々な解決方法を考え，他者と意見交流し，実践を評価・改善して，新た

な課題を見いだす過程を重視した学習の充実を図ること。

(2) 第2の内容の「A家族・家庭生活」から「C消費生活・環境」までの各項目に配当する授業時数及び各項目の履修学年については，児童や学校，地域の実態等に応じて各学校において適切に定めること。その際，「A家族・家庭生活」の(1)のアについては，第4学年までの学習を踏まえ，2学年間の学習の見通しをもたせるために，第5学年の最初に履修させるとともに，「A家族・家庭生活」，「B衣食住の生活」，「C消費生活・環境」の学習と関連させるようにすること。

(3) 第2の内容の「A家族・家庭生活」の(4)については，実践的な活動を家庭や地域などで行うことができるよう配慮し，2学年間で一つ又は二つの課題を設定して履修させること。その際，「A家族・家庭生活」の(2)又は(3)，「B衣食住の生活」，「C消費生活・環境」で学習した内容との関連を図り，課題を設定できるようにすること。

(4) 第2の内容の「B衣食住の生活」の(2)及び(5)については，学習の効果を高めるため，2学年間にわたって取り扱い，平易なものから段階的に学習できるよう計画すること。

(5) 題材の構成に当たっては，児童や学校，地域の実態を的確に捉えるとともに，内容相互の関連を図り，指導の効果を高めるようにすること。その際，他教科等との関連を明確にするとともに，中学校の学習を見据え，系統的に指導ができるようにすること。

(6) 障害のある児童などについては，学習活動を行う場合に生じる困難さに応じた指導内容や指導方法の工夫を計画的，組織的に行うこと。

(7) 第1章総則の第1の2の(2)に示す道徳教育の目標に基づき，道徳科などとの関連を考慮しながら，第3章特別の教科道徳の第2に示す内容について，家庭科の特質に応じて適切な指導をすること。

2 第2の内容の取扱いについては，次の事項に配慮するものとする。

(1) 指導に当たっては，衣食住など生活の中の様々な言葉を実感を伴って理解する学習活動や，自分の生活における課題を解決するために言葉や図表などを用いて生活をよりよくする方法を考えたり，説明したりするなどの学習活動の充実を図ること。

(2) 指導に当たっては，コンピュータや情報通信ネットワークを積極的に活用して，実習等における情報の収集・整理や，実践結果の発表などを行うことができるように工夫すること。

(3) 生活の自立の基礎を培う基礎的・基本的な知識及び技能を習得するために，調理や製作等の手順の根拠について考えたり，実践する喜びを味わったりするなどの実践的・体験的な活動を充実すること。

(4) 学習内容の定着を図り，一人一人の個性を生かし伸ばすよう，児童の特性や生活体験などを把握し，技能の習得状況に応じた少人数指導や教材・教具の工夫など個に応じた指導の充実に努めること。

(5) 家庭や地域との連携を図り，児童が身に付けた知識及び技能などを日常生活に活用できるよう配慮すること。

3 実習の指導に当たっては，次の事項に配慮するものとする。

(1) 施設・設備の安全管理に配慮し，学習環境を整備するとともに，熱源や用具，機械などの取扱いに注意して事故防止の指導を徹底すること。

(2) 服装を整え，衛生に留意して用具の手入れや保管を適切に行うこと。

(3) 調理に用いる食品については，生の魚や肉は扱わないなど，安全・衛生に留意すること。また，食物アレルギーについても配慮すること。

付録3

中学校学習指導要領　第2章　第8節　技術・家庭

● 第1　目　標

　生活の営みに係る見方・考え方や技術の見方・考え方を働かせ，生活や技術に関する実践的・体験的な活動を通して，よりよい生活の実現や持続可能な社会の構築に向けて，生活を工夫し創造する資質・能力を次のとおり育成することを目指す。

(1)　生活と技術についての基礎的な理解を図るとともに，それらに係る技能を身に付けるようにする。

(2)　生活や社会の中から問題を見いだして課題を設定し，解決策を構想し，実践を評価・改善し，表現するなど，課題を解決する力を養う。

(3)　よりよい生活の実現や持続可能な社会の構築に向けて，生活を工夫し創造しようとする実践的な態度を養う。

● 第2　各分野の目標及び内容

〔技術分野〕

1　目　標

　技術の見方・考え方を働かせ，ものづくりなどの技術に関する実践的・体験的な活動を通して，技術によってよりよい生活や持続可能な社会を構築する資質・能力を次のとおり育成することを目指す。

(1)　生活や社会で利用されている材料，加工，生物育成，エネルギー変換及び情報の技術についての基礎的な理解を図るとともに，それらに係る技能を身に付け，技術と生活や社会，環境との関わりについて理解を深める。

(2)　生活や社会の中から技術に関わる問題を見いだして課題を設定し，解決策を構想し，製作図等に表現し，試作等を通じて具体化し，実践を評価・改善するなど，課題を解決する力を養う。

(3)　よりよい生活の実現や持続可能な社会の構築に向けて，適切かつ誠実に技術を工夫し創造しようとする実践的な態度を養う。

2　内　容

A　材料と加工の技術

(1)　生活や社会を支える材料と加工の技術について調べる活動などを通して，次の事項を身に付けることができるよう指導する。

　ア　材料や加工の特性等の原理・法則と，材料の製造・加工方法等の基礎的な技術の仕組みについて理解すること。

　イ　技術に込められた問題解決の工夫について考えること。

(2)　生活や社会における問題を，材料と加工の技術によって解決する活動を通して，次の事項を身に付けることができるよう指導する。

　ア　製作に必要な図をかき，安全・適切な製作や検査・点検等ができること。

　イ　問題を見いだして課題を設定し，材料の選択や成形の方法等を構想して設計を具体化するとともに，製作の過程や結果の評価，改善及び修正について考えること。

(3) これからの社会の発展と材料と加工の技術の在り方を考える活動などを通して，次の事項を身に付けることができるよう指導する。

ア　生活や社会，環境との関わりを踏まえて，技術の概念を理解すること。

イ　技術を評価し，適切な選択と管理・運用の在り方や，新たな発想に基づく改良と応用について考えること。

B　生物育成の技術

(1) 生活や社会を支える生物育成の技術について調べる活動などを通して，次の事項を身に付けることができるよう指導する。

ア　育成する生物の成長，生態の特性等の原理・法則と，育成環境の調節方法等の基礎的な技術の仕組みについて理解すること。

イ　技術に込められた問題解決の工夫について考えること。

(2) 生活や社会における問題を，生物育成の技術によって解決する活動を通して，次の事項を身に付けることができるよう指導する。

ア　安全・適切な栽培又は飼育，検査等ができること。

イ　問題を見いだして課題を設定し，育成環境の調節方法を構想して育成計画を立てるとともに，栽培又は飼育の過程や結果の評価，改善及び修正について考えること。

(3) これからの社会の発展と生物育成の技術の在り方を考える活動などを通して，次の事項を身に付けることができるよう指導する。

ア　生活や社会，環境との関わりを踏まえて，技術の概念を理解すること。

イ　技術を評価し，適切な選択と管理・運用の在り方や，新たな発想に基づく改良と応用について考えること。

C　エネルギー変換の技術

(1) 生活や社会を支えるエネルギー変換の技術について調べる活動などを通して，次の事項を身に付けることができるよう指導する。

ア　電気，運動，熱の特性等の原理・法則と，エネルギーの変換や伝達等に関わる基礎的な技術の仕組み及び保守点検の必要性について理解すること。

イ　技術に込められた問題解決の工夫について考えること。

(2) 生活や社会における問題を，エネルギー変換の技術によって解決する活動を通して，次の事項を身に付けることができるよう指導する。

ア　安全・適切な製作，実装，点検及び調整等ができること。

イ　問題を見いだして課題を設定し，電気回路又は力学的な機構等を構想して設計を具体化するとともに，製作の過程や結果の評価，改善及び修正について考えること。

(3) これからの社会の発展とエネルギー変換の技術の在り方を考える活動などを通して，次の事項を身に付けることができるよう指導する。

ア　生活や社会，環境との関わりを踏まえて，技術の概念を理解すること。

イ　技術を評価し，適切な選択と管理・運用の在り方や，新たな発想に基づく改良と応用について考えること。

D　情報の技術

(1) 生活や社会を支える情報の技術について調べる活動などを通して，次の事項を身に付けることができるよう指導する。

ア　情報の表現，記録，計算，通信の特性等の原理・法則と，情報のデジタル化や処理の自動化，システム化，情報セキュリティ等に関わる基礎的な技術の仕組み及び情報モラルの必要性について理解すること。

イ　技術に込められた問題解決の工夫について考えること。

(2)　生活や社会における問題を，ネットワークを利用した双方向性のあるコンテンツのプログラミングによって解決する活動を通して，次の事項を身に付けることができるよう指導する。

　　ア　情報通信ネットワークの構成と，情報を利用するための基本的な仕組みを理解し，安全・適切なプログラムの制作，動作の確認及びデバッグ等ができること。

　　イ　問題を見いだして課題を設定し，使用するメディアを複合する方法とその効果的な利用方法等を構想して情報処理の手順を具体化するとともに，制作の過程や結果の評価，改善及び修正について考えること。

(3)　生活や社会における問題を，計測・制御のプログラミングによって解決する活動を通して，次の事項を身に付けることができるよう指導する。

　　ア　計測・制御システムの仕組みを理解し，安全・適切なプログラムの制作，動作の確認及びデバッグ等ができること。

　　イ　問題を見いだして課題を設定し，入出力されるデータの流れを元に計測・制御システムを構想して情報処理の手順を具体化するとともに，制作の過程や結果の評価，改善及び修正について考えること。

(4)　これからの社会の発展と情報の技術の在り方を考える活動などを通して，次の事項を身に付けることができるよう指導する。

　　ア　生活や社会，環境との関わりを踏まえて，技術の概念を理解すること。

　　イ　技術を評価し，適切な選択と管理・運用の在り方や，新たな発想に基づく改良と応用について考えること。

3　内容の取扱い

(1)　内容の「A材料と加工の技術」については，次のとおり取り扱うものとする。

　　ア　(1)については，我が国の伝統的な技術についても扱い，緻密なものづくりの技などが我が国の伝統や文化を支えてきたことに気付かせること。

　　イ　(2)の製作に必要な図については，主として等角図及び第三角法による図法を扱うこと。

(2)　内容の「B生物育成の技術」については，次のとおり取り扱うものとする。

　　ア　(1)については，作物の栽培，動物の飼育及び水産生物の栽培のいずれも扱うこと。

　　イ　(2)については，地域固有の生態系に影響を及ぼすことのないよう留意するとともに，薬品を使用する場合には，使用上の基準及び注意事項を遵守させること。

(3)　内容の「Cエネルギー変換の技術」の(1)については，電気機器や屋内配線等の生活の中で使用する製品やシステムの安全な使用についても扱うものとする。

(4)　内容の「D情報の技術」については，次のとおり取り扱うものとする。

　　ア　(1)については，情報のデジタル化の方法と情報の量，著作権を含めた知的財産権，発信した情報に対する責任，及び社会におけるサイバーセキュリティが重要であることについても扱うこと。

　　イ　(2)については，コンテンツに用いる各種メディアの基本的な特徴や，個人情報の保護の必要性についても扱うこと。

(5)　各内容における(1)については，次のとおり取り扱うものとする。

　　ア　アで取り上げる原理や法則に関しては，関係する教科との連携を図ること。

　　イ　イでは，社会からの要求，安全性，環境負荷や経済性などに着目し，技術が最適化されてきたことに気付かせること。

　　ウ　第1学年の最初に扱う内容では，3年間の技術分野の学習の見通しを立てさせるために，

内容の「A材料と加工の技術」から「D情報の技術」までに示す技術について触れること。

(6) 各内容における(2)及び内容の「D情報の技術」の(3)については，次のとおり取り扱うものとする。

　ア　イでは，各内容の(1)のイで気付かせた見方・考え方により問題を見いだして課題を設定し，自分なりの解決策を構想させること。

　イ　知的財産を創造，保護及び活用しようとする態度，技術に関わる倫理観，並びに他者と協働して粘り強く物事を前に進める態度を養うことを目指すこと。

　ウ　第3学年で取り上げる内容では，これまでの学習を踏まえた統合的な問題について扱うこと。

　エ　製作・制作・育成場面で使用する工具・機器や材料等については，図画工作科等の学習経験を踏まえるとともに，安全や健康に十分に配慮して選択すること。

(7) 内容の「A材料と加工の技術」，「B生物育成の技術」，「Cエネルギー変換の技術」の(3)及び内容の「D情報の技術」の(4)については，技術が生活の向上や産業の継承と発展，資源やエネルギーの有効利用，自然環境の保全等に貢献していることについても扱うものとする。

〔家庭分野〕

1　目　標

　生活の営みに係る見方・考え方を働かせ，衣食住などに関する実践的・体験的な活動を通して，よりよい生活の実現に向けて，生活を工夫し創造する資質・能力を次のとおり育成することを目指す。

(1) 家族・家庭の機能について理解を深め，家族・家庭，衣食住，消費や環境などについて，生活の自立に必要な基礎的な理解を図るとともに，それらに係る技能を身に付けるようにする。

(2) 家族・家庭や地域における生活の中から問題を見いだして課題を設定し，解決策を構想し，実践を評価・改善し，考察したことを論理的に表現するなど，これからの生活を展望して課題を解決する力を養う。

(3) 自分と家族，家庭生活と地域との関わりを考え，家族や地域の人々と協働し，よりよい生活の実現に向けて，生活を工夫し創造しようとする実践的な態度を養う。

2　内　容

A　家族・家庭生活

　次の(1)から(4)までの項目について，課題をもって，家族や地域の人々と協力・協働し，よりよい家庭生活に向けて考え，工夫する活動を通して，次の事項を身に付けることができるよう指導する。

(1) 自分の成長と家族・家庭生活

　ア　自分の成長と家族や家庭生活との関わりが分かり，家族・家庭の基本的な機能について理解するとともに，家族や地域の人々と協力・協働して家庭生活を営む必要があることに気付くこと。

(2) 幼児の生活と家族

　ア　次のような知識を身に付けること。

　　(ｱ)　幼児の発達と生活の特徴が分かり，子供が育つ環境としての家族の役割について理解すること。

　　(ｲ)　幼児にとっての遊びの意義や幼児との関わり方について理解すること。

　イ　幼児とのよりよい関わり方について考え，工夫すること。

(3) 家族・家庭や地域との関わり

ア 次のような知識を身に付けること。

(ア) 家族の互いの立場や役割が分かり，協力することによって家族関係をよりよくできることについて理解すること。

(イ) 家庭生活は地域との相互の関わりで成り立っていることが分かり，高齢者など地域の人々と協働する必要があることや介護など高齢者との関わり方について理解すること。

イ 家族関係をよりよくする方法及び高齢者など地域の人々と関わり，協働する方法について考え，工夫すること。

(4) 家族・家庭生活についての課題と実践

ア 家族，幼児の生活又は地域の生活の中から問題を見いだして課題を設定し，その解決に向けてよりよい生活を考え，計画を立てて実践できること。

B 衣食住の生活

次の(1)から(7)までの項目について，課題をもって，健康・快適・安全で豊かな食生活，衣生活，住生活に向けて考え，工夫する活動を通して，次の事項を身に付けることができるよう指導する。

(1) 食事の役割と中学生の栄養の特徴

ア 次のような知識を身に付けること。

(ア) 生活の中で食事が果たす役割について理解すること。

(イ) 中学生に必要な栄養の特徴が分かり，健康によい食習慣について理解すること。

イ 健康によい食習慣について考え，工夫すること。

(2) 中学生に必要な栄養を満たす食事

ア 次のような知識を身に付けること。

(ア) 栄養素の種類と働きが分かり，食品の栄養的な特質について理解すること。

(イ) 中学生の1日に必要な食品の種類と概量が分かり，1日分の献立作成の方法について理解すること。

イ 中学生の1日分の献立について考え，工夫すること。

(3) 日常食の調理と地域の食文化

ア 次のような知識及び技能を身に付けること。

(ア) 日常生活と関連付け，用途に応じた食品の選択について理解し，適切にできること。

(イ) 食品や調理用具等の安全と衛生に留意した管理について理解し，適切にできること。

(ウ) 材料に適した加熱調理の仕方について理解し，基礎的な日常食の調理が適切にできること。

(エ) 地域の食文化について理解し，地域の食材を用いた和食の調理が適切にできること。

イ 日常の1食分の調理について，食品の選択や調理の仕方，調理計画を考え，工夫すること。

(4) 衣服の選択と手入れ

ア 次のような知識及び技能を身に付けること。

(ア) 衣服と社会生活との関わりが分かり，目的に応じた着用，個性を生かす着用及び衣服の適切な選択について理解すること。

(イ) 衣服の計画的な活用の必要性，衣服の材料や状態に応じた日常着の手入れについて理解し，適切にできること。

イ 衣服の選択，材料や状態に応じた日常着の手入れの仕方を考え，工夫すること。

(5)　生活を豊かにするための布を用いた製作

ア　製作する物に適した材料や縫い方について理解し，用具を安全に取り扱い，製作が適切にできること。

イ　資源や環境に配慮し，生活を豊かにするために布を用いた物の製作計画を考え，製作を工夫すること。

(6)　住居の機能と安全な住まい方

ア　次のような知識を身に付けること。

(ｱ)　家族の生活と住空間との関わりが分かり，住居の基本的な機能について理解すること。

(ｲ)　家庭内の事故の防ぎ方など家族の安全を考えた住空間の整え方について理解すること。

イ　家族の安全を考えた住空間の整え方について考え，工夫すること。

(7)　衣食住の生活についての課題と実践

ア　食生活，衣生活，住生活の中から問題を見いだして課題を設定し，その解決に向けてよりよい生活を考え，計画を立てて実践できること。

C　消費生活・環境

次の(1)から(3)までの項目について，課題をもって，持続可能な社会の構築に向けて考え，工夫する活動を通して，次の事項を身に付けることができるよう指導する。

(1)　金銭の管理と購入

ア　次のような知識及び技能を身に付けること。

(ｱ)　購入方法や支払い方法の特徴が分かり，計画的な金銭管理の必要性について理解すること。

(ｲ)　売買契約の仕組み，消費者被害の背景とその対応について理解し，物資・サービスの選択に必要な情報の収集・整理が適切にできること。

イ　物資・サービスの選択に必要な情報を活用して購入について考え，工夫すること。

(2)　消費者の権利と責任

ア　消費者の基本的な権利と責任，自分や家族の消費生活が環境や社会に及ぼす影響について理解すること。

イ　身近な消費生活について，自立した消費者としての責任ある消費行動を考え，工夫すること。

(3)　消費生活・環境についての課題と実践

ア　自分や家族の消費生活の中から問題を見いだして課題を設定し，その解決に向けて環境に配慮した消費生活を考え，計画を立てて実践できること。

付録4

3　内容の取扱い

(1)　各内容については，生活の科学的な理解を深めるための実践的・体験的な活動を充実すること。

(2)　内容の「A家族・家庭生活」については，次のとおり取り扱うものとする。

ア　(1)のアについては，家族・家庭の基本的な機能がAからCまでの各内容に関わっていることや，家族・家庭や地域における様々な問題について，協力・協働，健康・快適・安全，生活文化の継承，持続可能な社会の構築等を視点として考え，解決に向けて工夫することが大切であることに気付かせるようにすること。

イ　(1)，(2)及び(3)については，相互に関連を図り，実習や観察，ロールプレイングなどの学習活動を中心とするよう留意すること。

ウ　(2)については，幼稚園，保育所，認定こども園などの幼児の観察や幼児との触れ合いがで

109

きるよう留意すること。アの(ｱ)については，幼児期における周囲との基本的な信頼関係や生活習慣の形成の重要性についても扱うこと。

エ　(3)のアの(ｲ)については，高齢者の身体の特徴についても触れること。また，高齢者の介護の基礎に関する体験的な活動ができるよう留意すること。イについては，地域の活動や行事などを取り上げたり，他教科等における学習との関連を図ったりするよう配慮すること。

(3)　内容の「Ｂ衣食住の生活」については，次のとおり取り扱うものとする。

ア　日本の伝統的な生活についても扱い，生活文化を継承する大切さに気付くことができるよう配慮すること。

イ　(1)のアの(ｱ)については，食事を共にする意義や食文化を継承することについても扱うこと。

ウ　(2)のアの(ｱ)については，水の働きや食物繊維についても触れること。

エ　(3)のアの(ｱ)については，主として調理実習で用いる生鮮食品と加工食品の表示を扱うこと。(ｳ)については，煮る，焼く，蒸す等を扱うこと。また，魚，肉，野菜を中心として扱い，基礎的な題材を取り上げること。(ｴ)については，だしを用いた煮物又は汁物を取り上げること。また，地域の伝統的な行事食や郷土料理を扱うこともできること。

オ　食に関する指導については，技術・家庭科の特質に応じて，食育の充実に資するよう配慮すること。

カ　(4)のアの(ｱ)については，日本の伝統的な衣服である和服について触れること。また，和服の基本的な着装を扱うこともできること。さらに，既製服の表示と選択に当たっての留意事項を扱うこと。(ｲ)については，日常着の手入れは主として洗濯と補修を扱うこと。

キ　(5)のアについては，衣服等の再利用の方法についても触れること。

ク　(6)のアについては，簡単な図などによる住空間の構想を扱うこと。また，ア及びイについては，内容の「Ａ家族・家庭生活」の(2)及び(3)との関連を図ること。さらに，アの(ｲ)及びイについては，自然災害に備えた住空間の整え方についても扱うこと。

(4)　内容の「Ｃ消費生活・環境」については，次のとおり取り扱うものとする。

ア　(1)及び(2)については，内容の「Ａ家族・家庭生活」又は「Ｂ衣食住の生活」の学習との関連を図り，実践的に学習できるようにすること。

イ　(1)については，中学生の身近な消費行動と関連を図った物資・サービスや消費者被害を扱うこと。アの(ｱ)については，クレジットなどの三者間契約についても扱うこと。

● 第3　指導計画の作成と内容の取扱い

1　指導計画の作成に当たっては，次の事項に配慮するものとする。

(1)　題材など内容や時間のまとまりを見通して，その中で育む資質・能力の育成に向けて，生徒の主体的・対話的で深い学びの実現を図るようにすること。その際，生活の営みに係る見方・考え方や技術の見方・考え方を働かせ，知識を相互に関連付けてより深く理解するとともに，生活や社会の中から問題を見いだして解決策を構想し，実践を評価・改善して，新たな課題の解決に向かう過程を重視した学習の充実を図ること。

(2)　技術分野及び家庭分野の授業時数については，3学年間を見通した全体的な指導計画に基づき，いずれかの分野に偏ることなく配当して履修させること。その際，各学年において，技術分野及び家庭分野のいずれも履修させること。

　　家庭分野の内容の「Ａ家族・家庭生活」の(4)，「Ｂ衣食住の生活」の(7)及び「Ｃ消費生活・環境」の(3)については，これら三項目のうち，一以上を選択し履修させること。その際，他の内容と関連を図り，実践的な活動を家庭や地域などで行うことができるよう配慮すること。

(3) 技術分野の内容の「A材料と加工の技術」から「D情報の技術」まで，及び家庭分野の内容の「A家族・家庭生活」から「C消費生活・環境」までの各項目に配当する授業時数及び各項目の履修学年については，生徒や学校，地域の実態等に応じて，各学校において適切に定めること。その際，家庭分野の内容の「A家族・家庭生活」の(1)については，小学校家庭科の学習を踏まえ，中学校における学習の見通しを立てさせるために，第1学年の最初に履修させること。

(4) 各項目及び各項目に示す事項については，相互に有機的な関連を図り，総合的に展開されるよう適切な題材を設定して計画を作成すること。その際，生徒や学校，地域の実態を的確に捉え，指導の効果を高めるようにすること。また，小学校における学習を踏まえるとともに，高等学校における学習を見据え，他教科等との関連を明確にして系統的・発展的に指導ができるようにすること。さらに，持続可能な開発のための教育を推進する観点から他教科等との連携も図ること。

(5) 障害のある生徒などについては，学習活動を行う場合に生じる困難さに応じた指導内容や指導方法の工夫を計画的，組織的に行うこと。

(6) 第1章総則の第1の2の(2)に示す道徳教育の目標に基づき，道徳科などとの関連を考慮しながら，第3章特別の教科道徳の第2に示す内容について，技術・家庭科の特質に応じて適切な指導をすること。

2 第2の内容の取扱いについては，次の事項に配慮するものとする。

(1) 指導に当たっては，衣食住やものづくりなどに関する実習等の結果を整理し考察する学習活動や，生活や社会における課題を解決するために言葉や図表，概念などを用いて考えたり，説明したりするなどの学習活動の充実を図ること。

(2) 指導に当たっては，コンピュータや情報通信ネットワークを積極的に活用して，実習等における情報の収集・整理や，実践結果の発表などを行うことができるように工夫すること。

(3) 基礎的・基本的な知識及び技能を習得し，基本的な概念などの理解を深めるとともに，仕事の楽しさや完成の喜びを体得させるよう，実践的・体験的な活動を充実すること。また，生徒のキャリア発達を踏まえて学習内容と将来の職業の選択や生き方との関わりについても扱うこと。

(4) 資質・能力の育成を図り，一人一人の個性を生かし伸ばすよう，生徒の興味・関心を踏まえた学習課題の設定，技能の習得状況に応じた少人数指導や教材・教具の工夫など個に応じた指導の充実に努めること。

(5) 生徒が，学習した知識及び技能を生活に活用したり，生活や社会の変化に対応したりすることができるよう，生活や社会の中から問題を見いだして課題を設定し解決する学習活動を充実するとともに，家庭や地域社会，企業などとの連携を図るよう配慮すること。

3 実習の指導に当たっては，施設・設備の安全管理に配慮し，学習環境を整備するとともに，火気，用具，材料などの取扱いに注意して事故防止の指導を徹底し，安全と衛生に十分留意するものとする。

その際，技術分野においては，正しい機器の操作や作業環境の整備等について指導するとともに，適切な服装や防護眼鏡・防塵マスクの着用，作業後の手洗いの実施等による安全の確保に努めることとする。

家庭分野においては，幼児や高齢者と関わるなど校外での学習について，事故の防止策及び事故発生時の対応策等を綿密に計画するとともに，相手に対する配慮にも十分留意するものとする。また，調理実習については，食物アレルギーにも配慮するものとする。

付録4

小学校学習指導要領　第3章　特別の教科　道徳

● 第1　目　標

　第1章総則の第1の2の(2)に示す道徳教育の目標に基づき，よりよく生きるための基盤となる道徳性を養うため，道徳的諸価値についての理解を基に，自己を見つめ，物事を多面的・多角的に考え，自己の生き方についての考えを深める学習を通して，道徳的な判断力，心情，実践意欲と態度を育てる。

● 第2　内　容

　学校の教育活動全体を通じて行う道徳教育の要である道徳科においては，以下に示す項目について扱う。

　A　主として自分自身に関すること

　[善悪の判断，自律，自由と責任]

　　〔第1学年及び第2学年〕

　　　よいことと悪いこととの区別をし，よいと思うことを進んで行うこと。

　　〔第3学年及び第4学年〕

　　　正しいと判断したことは，自信をもって行うこと。

　　〔第5学年及び第6学年〕

　　　自由を大切にし，自律的に判断し，責任のある行動をすること。

　[正直，誠実]

　　〔第1学年及び第2学年〕

　　　うそをついたりごまかしをしたりしないで，素直に伸び伸びと生活すること。

　　〔第3学年及び第4学年〕

　　　過ちは素直に改め，正直に明るい心で生活すること。

　　〔第5学年及び第6学年〕

　　　誠実に，明るい心で生活すること。

　[節度，節制]

　　〔第1学年及び第2学年〕

　　　健康や安全に気を付け，物や金銭を大切にし，身の回りを整え，わがままをしないで，規則正しい生活をすること。

　　〔第3学年及び第4学年〕

　　　自分でできることは自分でやり，安全に気を付け，よく考えて行動し，節度のある生活をすること。

　　〔第5学年及び第6学年〕

　　　安全に気を付けることや，生活習慣の大切さについて理解し，自分の生活を見直し，節度を守り節制に心掛けること。

　[個性の伸長]

　　〔第1学年及び第2学年〕

　　　自分の特徴に気付くこと。

　　〔第3学年及び第4学年〕

　　　自分の特徴に気付き，長所を伸ばすこと。

付録5

〔第5学年及び第6学年〕

自分の特徴を知って，短所を改め長所を伸ばすこと。

［希望と勇気，努力と強い意志］

〔第1学年及び第2学年〕

自分のやるべき勉強や仕事をしっかりと行うこと。

〔第3学年及び第4学年〕

自分でやろうと決めた目標に向かって，強い意志をもち，粘り強くやり抜くこと。

〔第5学年及び第6学年〕

より高い目標を立て，希望と勇気をもち，困難があってもくじけずに努力して物事をやり抜くこと。

［真理の探究］

〔第5学年及び第6学年〕

真理を大切にし，物事を探究しようとする心をもつこと。

B　主として人との関わりに関すること

［親切，思いやり］

〔第1学年及び第2学年〕

身近にいる人に温かい心で接し，親切にすること。

〔第3学年及び第4学年〕

相手のことを思いやり，進んで親切にすること。

〔第5学年及び第6学年〕

誰に対しても思いやりの心をもち，相手の立場に立って親切にすること。

［感謝］

〔第1学年及び第2学年〕

家族など日頃世話になっている人々に感謝すること。

〔第3学年及び第4学年〕

家族など生活を支えてくれている人々や現在の生活を築いてくれた高齢者に，尊敬と感謝の気持ちをもって接すること。

〔第5学年及び第6学年〕

日々の生活が家族や過去からの多くの人々の支え合いや助け合いで成り立っていることに感謝し，それに応えること。

［礼儀］

〔第1学年及び第2学年〕

気持ちのよい挨拶，言葉遣い，動作などに心掛けて，明るく接すること。

〔第3学年及び第4学年〕

礼儀の大切さを知り，誰に対しても真心をもって接すること。

〔第5学年及び第6学年〕

時と場をわきまえて，礼儀正しく真心をもって接すること。

［友情，信頼］

〔第1学年及び第2学年〕

友達と仲よくし，助け合うこと。

〔第3学年及び第4学年〕

友達と互いに理解し，信頼し，助け合うこと。

〔第5学年及び第6学年〕

付録5

友達と互いに信頼し，学び合って友情を深め，異性についても理解しながら，人間関係を築いていくこと。

［相互理解，寛容］

　〔第3学年及び第4学年〕

　　自分の考えや意見を相手に伝えるとともに，相手のことを理解し，自分と異なる意見も大切にすること。

　〔第5学年及び第6学年〕

　　自分の考えや意見を相手に伝えるとともに，謙虚な心をもち，広い心で自分と異なる意見や立場を尊重すること。

C　主として集団や社会との関わりに関すること

［規則の尊重］

　〔第1学年及び第2学年〕

　　約束やきまりを守り，みんなが使う物を大切にすること。

　〔第3学年及び第4学年〕

　　約束や社会のきまりの意義を理解し，それらを守ること。

　〔第5学年及び第6学年〕

　　法やきまりの意義を理解した上で進んでそれらを守り，自他の権利を大切にし，義務を果たすこと。

［公正，公平，社会正義］

　〔第1学年及び第2学年〕

　　自分の好き嫌いにとらわれないで接すること。

　〔第3学年及び第4学年〕

　　誰に対しても分け隔てをせず，公正，公平な態度で接すること。

　〔第5学年及び第6学年〕

　　誰に対しても差別をすることや偏見をもつことなく，公正，公平な態度で接し，正義の実現に努めること。

［勤労，公共の精神］

　〔第1学年及び第2学年〕

　　働くことのよさを知り，みんなのために働くこと。

　〔第3学年及び第4学年〕

　　働くことの大切さを知り，進んでみんなのために働くこと。

　〔第5学年及び第6学年〕

　　働くことや社会に奉仕することの充実感を味わうとともに，その意義を理解し，公共のために役に立つことをすること。

［家族愛，家庭生活の充実］

　〔第1学年及び第2学年〕

　　父母，祖父母を敬愛し，進んで家の手伝いなどをして，家族の役に立つこと。

　〔第3学年及び第4学年〕

　　父母，祖父母を敬愛し，家族みんなで協力し合って楽しい家庭をつくること。

　〔第5学年及び第6学年〕

　　父母，祖父母を敬愛し，家族の幸せを求めて，進んで役に立つことをすること。

［よりよい学校生活，集団生活の充実］

　〔第1学年及び第2学年〕

先生を敬愛し，学校の人々に親しんで，学級や学校の生活を楽しくすること。

〔第3学年及び第4学年〕

　　先生や学校の人々を敬愛し，みんなで協力し合って楽しい学級や学校をつくること。

〔第5学年及び第6学年〕

　　先生や学校の人々を敬愛し，みんなで協力し合ってよりよい学級や学校をつくるとともに，様々な集団の中での自分の役割を自覚して集団生活の充実に努めること。

［伝統と文化の尊重，国や郷土を愛する態度］

〔第1学年及び第2学年〕

　　我が国や郷土の文化と生活に親しみ，愛着をもつこと。

〔第3学年及び第4学年〕

　　我が国や郷土の伝統と文化を大切にし，国や郷土を愛する心をもつこと。

〔第5学年及び第6学年〕

　　我が国や郷土の伝統と文化を大切にし，先人の努力を知り，国や郷土を愛する心をもつこと。

［国際理解，国際親善］

〔第1学年及び第2学年〕

　　他国の人々や文化に親しむこと。

〔第3学年及び第4学年〕

　　他国の人々や文化に親しみ，関心をもつこと。

〔第5学年及び第6学年〕

　　他国の人々や文化について理解し，日本人としての自覚をもって国際親善に努めること。

D　主として生命や自然，崇高なものとの関わりに関すること

［生命の尊さ］

〔第1学年及び第2学年〕

　　生きることのすばらしさを知り，生命を大切にすること。

〔第3学年及び第4学年〕

　　生命の尊さを知り，生命あるものを大切にすること。

〔第5学年及び第6学年〕

　　生命が多くの生命のつながりの中にあるかけがえのないものであることを理解し，生命を尊重すること。

［自然愛護］

〔第1学年及び第2学年〕

　　身近な自然に親しみ，動植物に優しい心で接すること。

〔第3学年及び第4学年〕

　　自然のすばらしさや不思議さを感じ取り，自然や動植物を大切にすること。

〔第5学年及び第6学年〕

　　自然の偉大さを知り，自然環境を大切にすること。

［感動，畏敬の念］

〔第1学年及び第2学年〕

　　美しいものに触れ，すがすがしい心をもつこと。

〔第3学年及び第4学年〕

　　美しいものや気高いものに感動する心をもつこと。

〔第5学年及び第6学年〕

付録5

美しいものや気高いものに感動する心や人間の力を超えたものに対する畏敬の念をもつこと。

［よりよく生きる喜び］

〔第5学年及び第6学年〕

よりよく生きようとする人間の強さや気高さを理解し，人間として生きる喜びを感じること。

● 第3　指導計画の作成と内容の取扱い

1　各学校においては，道徳教育の全体計画に基づき，各教科，外国語活動，総合的な学習の時間及び特別活動との関連を考慮しながら，道徳科の年間指導計画を作成するものとする。なお，作成に当たっては，第2に示す各学年段階の内容項目について，相当する各学年において全て取り上げることとする。その際，児童や学校の実態に応じ，2学年間を見通した重点的な指導や内容項目間の関連を密にした指導，一つの内容項目を複数の時間で扱う指導を取り入れるなどの工夫を行うものとする。

2　第2の内容の指導に当たっては，次の事項に配慮するものとする。

(1)　校長や教頭などの参加，他の教師との協力的な指導などについて工夫し，道徳教育推進教師を中心とした指導体制を充実すること。

(2)　道徳科が学校の教育活動全体を通じて行う道徳教育の要としての役割を果たすことができるよう，計画的・発展的な指導を行うこと。特に，各教科，外国語活動，総合的な学習の時間及び特別活動における道徳教育としては取り扱う機会が十分でない内容項目に関わる指導を補うことや，児童や学校の実態等を踏まえて指導をより一層深めること，内容項目の相互の関連を捉え直したり発展させたりすることに留意すること。

(3)　児童が自ら道徳性を養う中で，自らを振り返って成長を実感したり，これからの課題や目標を見付けたりすることができるよう工夫すること。その際，道徳性を養うことの意義について，児童自らが考え，理解し，主体的に学習に取り組むことができるようにすること。

(4)　児童が多様な感じ方や考え方に接する中で，考えを深め，判断し，表現する力などを育むことができるよう，自分の考えを基に話し合ったり書いたりするなどの言語活動を充実すること。

(5)　児童の発達の段階や特性等を考慮し，指導のねらいに即して，問題解決的な学習，道徳的行為に関する体験的な学習等を適切に取り入れるなど，指導方法を工夫すること。その際，それらの活動を通じて学んだ内容の意義などについて考えることができるようにすること。また，特別活動等における多様な実践活動や体験活動も道徳科の授業に生かすようにすること。

(6)　児童の発達の段階や特性等を考慮し，第2に示す内容との関連を踏まえつつ，情報モラルに関する指導を充実すること。また，児童の発達の段階や特性等を考慮し，例えば，社会の持続可能な発展などの現代的な課題の取扱いにも留意し，身近な社会的課題を自分との関係において考え，それらの解決に寄与しようとする意欲や態度を育てるよう努めること。なお，多様な見方や考え方のできる事柄について，特定の見方や考え方に偏った指導を行うことのないようにすること。

(7)　道徳科の授業を公開したり，授業の実施や地域教材の開発や活用などに家庭や地域の人々，各分野の専門家等の積極的な参加や協力を得たりするなど，家庭や地域社会との共通理解を深め，相互の連携を図ること。

3　教材については，次の事項に留意するものとする。

(1)　児童の発達の段階や特性，地域の実情等を考慮し，多様な教材の活用に努めること。特に，生命の尊厳，自然，伝統と文化，先人の伝記，スポーツ，情報化への対応等の現代的な課題などを題材とし，児童が問題意識をもって多面的・多角的に考えたり，感動を覚えたりするような充実した教材の開発や活用を行うこと。

(2)　教材については，教育基本法や学校教育法その他の法令に従い，次の観点に照らし適切と判断されるものであること。

　　ア　児童の発達の段階に即し，ねらいを達成するのにふさわしいものであること。

　　イ　人間尊重の精神にかなうものであって，悩みや葛藤等の心の揺れ，人間関係の理解等の課題も含め，児童が深く考えることができ，人間としてよりよく生きる喜びや勇気を与えられるものであること。

　　ウ　多様な見方や考え方のできる事柄を取り扱う場合には，特定の見方や考え方に偏った取扱いがなされていないものであること。

4　児童の学習状況や道徳性に係る成長の様子を継続的に把握し，指導に生かすよう努める必要がある。ただし，数値などによる評価は行わないものとする。

付録5

「道徳の内容」の学年段階・学校段階の一覧表

	小学校第1学年及び第2学年　(19)	小学校第3学年及び第4学年　(20)
A　主として自分自身に関すること		
善悪の判断, 自律, 自由と責任	(1)　よいことと悪いこととの区別をし, よいと思うことを進んで行うこと。	(1)　正しいと判断したことは, 自信をもって行うこと。
正直, 誠実	(2)　うそをついたりごまかしをしたりしないで, 素直に伸び伸びと生活すること。	(2)　過ちは素直に改め, 正直に明るい心で生活すること。
節度, 節制	(3)　健康や安全に気を付け, 物や金銭を大切にし, 身の回りを整え, わがままをしないで, 規則正しい生活をすること。	(3)　自分でできることは自分でやり, 安全に気を付け, よく考えて行動し, 節度のある生活をすること。
個性の伸長	(4)　自分の特徴に気付くこと。	(4)　自分の特徴に気付き, 長所を伸ばすこと。
希望と勇気, 努力と強い意志	(5)　自分のやるべき勉強や仕事をしっかりと行うこと。	(5)　自分でやろうと決めた目標に向かって, 強い意志をもち, 粘り強くやり抜くこと。
真理の探究		
B　主として人との関わりに関すること		
親切, 思いやり	(6)　身近にいる人に温かい心で接し, 親切にすること。	(6)　相手のことを思いやり, 進んで親切にすること。
感謝	(7)　家族など日頃世話になっている人々に感謝すること。	(7)　家族など生活を支えてくれている人々や現在の生活を築いてくれた高齢者に, 尊敬と感謝の気持ちをもって接すること。
礼儀	(8)　気持ちのよい挨拶, 言葉遣い, 動作などに心掛けて, 明るく接すること。	(8)　礼儀の大切さを知り, 誰に対しても真心をもって接すること。
友情, 信頼	(9)　友達と仲よくし, 助け合うこと。	(9)　友達と互いに理解し, 信頼し, 助け合うこと。
相互理解, 寛容		(10)　自分の考えや意見を相手に伝えるとともに, 相手のことを理解し, 自分と異なる意見も大切にすること。
C　主として集団や社会との関わりに関すること		
規則の尊重	(10)　約束やきまりを守り, みんなが使う物を大切にすること。	(11)　約束や社会のきまりの意義を理解し, それらを守ること。
公正, 公平, 社会正義	(11)　自分の好き嫌いにとらわれないで接すること。	(12)　誰に対しても分け隔てをせず, 公正, 公平な態度で接すること。
勤労, 公共の精神	(12)　働くことのよさを知り, みんなのために働くこと。	(13)　働くことの大切さを知り, 進んでみんなのために働くこと。
家族愛, 家庭生活の充実	(13)　父母, 祖父母を敬愛し, 進んで家の手伝いなどをして, 家族の役に立つこと。	(14)　父母, 祖父母を敬愛し, 家族みんなで協力し合って楽しい家庭をつくること。
よりよい学校生活, 集団生活の充実	(14)　先生を敬愛し, 学校の人々に親しんで, 学級や学校の生活を楽しくすること。	(15)　先生や学校の人々を敬愛し, みんなで協力し合って楽しい学級や学校をつくること。
伝統と文化の尊重, 国や郷土を愛する態度	(15)　我が国や郷土の文化と生活に親しみ, 愛着をもつこと。	(16)　我が国や郷土の伝統と文化を大切にし, 国や郷土を愛する心をもつこと。
国際理解, 国際親善	(16)　他国の人々や文化に親しむこと。	(17)　他国の人々や文化に親しみ, 関心をもつこと。
D　主として生命や自然, 崇高なものとの関わりに関すること		
生命の尊さ	(17)　生きることのすばらしさを知り, 生命を大切にすること。	(18)　生命の尊さを知り, 生命あるものを大切にすること。
自然愛護	(18)　身近な自然に親しみ, 動植物に優しい心で接すること。	(19)　自然のすばらしさや不思議さを感じ取り, 自然や動植物を大切にすること。
感動, 畏敬の念	(19)　美しいものに触れ, すがすがしい心をもつこと。	(20)　美しいものや気高いものに感動する心をもつこと。
よりよく生きる喜び		

付録6

小学校第5学年及び第6学年 ⑵	中学校 ⑵	
⑴ 自由を大切にし，自律的に判断し，責任のある行動をすること。	⑴ 自律の精神を重んじ，自主的に考え，判断し，誠実に実行してその結果に責任をもつこと。	自主，自律，自由と責任
⑵ 誠実に，明るい心で生活すること。		
⑶ 安全に気を付けることや，生活習慣の大切さについて理解し，自分の生活を見直し，節度を守り節制に心掛けること。	⑵ 望ましい生活習慣を身に付け，心身の健康の増進を図り，節度を守り節制に心掛け，安全で調和のある生活をすること。	節度，節制
⑷ 自分の特徴を知って，短所を改め長所を伸ばすこと。	⑶ 自己を見つめ，自己の向上を図るとともに，個性を伸ばして充実した生き方を追求すること。	向上心，個性の伸長
⑸ より高い目標を立て，希望と勇気をもち，困難があってもくじけずに努力して物事をやり抜くこと。	⑷ より高い目標を設定し，その達成を目指し，希望と勇気をもち，困難や失敗を乗り越えて着実にやり遂げること。	希望と勇気，克己と強い意志
⑹ 真理を大切にし，物事を探究しようとする心をもつこと。	⑸ 真実を大切にし，真理を探究して新しいものを生み出そうと努めること。	真理の探究，創造
⑺ 誰に対しても思いやりの心をもち，相手の立場に立って親切にすること。	⑹ 思いやりの心をもって人と接するとともに，家族などの支えや多くの人々の善意により日々の生活や現在の自分があることに感謝し，進んでそれに応え，人間愛の精神を深めること。	思いやり，感謝
⑻ 日々の生活が家族や過去からの多くの人々の支え合いや助け合いで成り立っていることに感謝し，それに応えること。		
⑼ 時と場をわきまえて，礼儀正しく真心をもって接すること。	⑺ 礼儀の意義を理解し，時と場に応じた適切な言動をとること。	礼儀
⑽ 友達と互いに信頼し，学び合って友情を深め，異性についても理解しながら，人間関係を築いていくこと。	⑻ 友情の尊さを理解して心から信頼できる友達をもち，互いに励まし合い，高め合うとともに，異性についての理解を深め，悩みや葛藤も経験しながら人間関係を深めていくこと。	友情，信頼
⑾ 自分の考えや意見を相手に伝えるとともに，謙虚な心をもち，広い心で自分と異なる意見や立場を尊重すること。	⑼ 自分の考えや意見を相手に伝えるとともに，それぞれの個性や立場を尊重し，いろいろなものの見方や考え方があることを理解し，寛容の心をもって謙虚に他に学び，自らを高めていくこと。	相互理解，寛容
⑿ 法やきまりの意義を理解した上で進んでそれらを守り，自他の権利を大切にし，義務を果たすこと。	⑽ 法やきまりの意義を理解し，それらを進んで守るとともに，そのよりよい在り方について考え，自他の権利を大切にし，義務を果たして，規律ある安定した社会の実現に努めること。	遵法精神，公徳心
⒀ 誰に対しても差別をすることや偏見をもつことなく，公正，公平な態度で接し，正義の実現に努めること。	⑾ 正義と公正さを重んじ，誰に対しても公平に接し，差別や偏見のない社会の実現に努めること。	公正，公平，社会正義
⒁ 働くことや社会に奉仕することの充実感を味わうとともに，その意義を理解し，公共のために役に立つことをすること。	⑿ 社会参画の意識と社会連帯の自覚を高め，公共の精神をもってよりよい社会の実現に努めること。	社会参画，公共の精神
	⒀ 勤労の尊さや意義を理解し，将来の生き方について考えを深め，勤労を通じて社会に貢献すること。	勤労
⒂ 父母，祖父母を敬愛し，家族の幸せを求めて，進んで役に立つことをすること。	⒁ 父母，祖父母を敬愛し，家族の一員としての自覚をもって充実した家庭生活を築くこと。	家族愛，家庭生活の充実
⒃ 先生や学校の人々を敬愛し，みんなで協力し合ってよりよい学級や学校をつくるとともに，様々な集団の中での自分の役割を自覚して集団生活の充実に努めること。	⒂ 教師や学校の人々を敬愛し，学級や学校の一員としての自覚をもち，協力し合ってよりよい校風をつくるとともに，様々な集団の意義や集団の中での自分の役割と責任を自覚して集団生活の充実に努めること。	よりよい学校生活，集団生活の充実
⒄ 我が国や郷土の伝統と文化を大切にし，先人の努力を知り，国や郷土を愛する心をもつこと。	⒃ 郷土の伝統と文化を大切にし，社会に尽くした先人や高齢者に尊敬の念を深め，地域社会の一員としての自覚をもって郷土を愛し，進んで郷土の発展に努めること。	郷土の伝統と文化の尊重，郷土を愛する態度
	⒄ 優れた伝統の継承と新しい文化の創造に貢献するとともに，日本人としての自覚をもって国を愛し，国家及び社会の形成者として，その発展に努めること。	我が国の伝統と文化の尊重，国を愛する態度
⒅ 他国の人々や文化について理解し，日本人としての自覚をもって国際親善に努めること。	⒅ 世界の中の日本人としての自覚をもち，他国を尊重し，国際的視野に立って，世界の平和と人類の発展に寄与すること。	国際理解，国際貢献
⒆ 生命が多くの生命のつながりの中にあるかけがえのないものであることを理解し，生命を尊重すること。	⒆ 生命の尊さについて，その連続性や有限性なども含めて理解し，かけがえのない生命を尊重すること。	生命の尊さ
⒇ 自然の偉大さを知り，自然環境を大切にすること。	⒇ 自然の崇高さを知り，自然環境を大切にすることの意義を理解し，進んで自然の愛護に努めること。	自然愛護
㉑ 美しいものや気高いものに感動する心や人間の力を超えたものに対する畏敬の念をもつこと。	㉑ 美しいものや気高いものに感動する心をもち，人間の力を超えたものに対する畏敬の念を深めること。	感動，畏敬の念
㉒ よりよく生きようとする人間の強さや気高さを理解し，人間として生きる喜びを感じること。	㉒ 人間には自らの弱さや醜さを克服する強さや気高く生きようとする心があることを理解し，人間として生きることに喜びを見いだすこと。	よりよく生きる喜び

付録6

幼稚園教育要領

　教育は，教育基本法第1条に定めるとおり，人格の完成を目指し，平和で民主的な国家及び社会の形成者として必要な資質を備えた心身ともに健康な国民の育成を期すという目的のもと，同法第2条に掲げる次の目標を達成するよう行われなければならない。

1　幅広い知識と教養を身に付け，真理を求める態度を養い，豊かな情操と道徳心を培うとともに，健やかな身体を養うこと。

2　個人の価値を尊重して，その能力を伸ばし，創造性を培い，自主及び自律の精神を養うとともに，職業及び生活との関連を重視し，勤労を重んずる態度を養うこと。

3　正義と責任，男女の平等，自他の敬愛と協力を重んずるとともに，公共の精神に基づき，主体的に社会の形成に参画し，その発展に寄与する態度を養うこと。

4　生命を尊び，自然を大切にし，環境の保全に寄与する態度を養うこと。

5　伝統と文化を尊重し，それらをはぐくんできた我が国と郷土を愛するとともに，他国を尊重し，国際社会の平和と発展に寄与する態度を養うこと。

　また，幼児期の教育については，同法第11条に掲げるとおり，生涯にわたる人格形成の基礎を培う重要なものであることにかんがみ，国及び地方公共団体は，幼児の健やかな成長に資する良好な環境の整備その他適当な方法によって，その振興に努めなければならないこととされている。

　これからの幼稚園には，学校教育の始まりとして，こうした教育の目的及び目標の達成を目指しつつ，一人一人の幼児が，将来，自分のよさや可能性を認識するとともに，あらゆる他者を価値のある存在として尊重し，多様な人々と協働しながら様々な社会的変化を乗り越え，豊かな人生を切り拓き，持続可能な社会の創り手となることができるようにするための基礎を培うことが求められる。このために必要な教育の在り方を具体化するのが，各幼稚園において教育の内容等を組織的かつ計画的に組み立てた教育課程である。

　教育課程を通して，これからの時代に求められる教育を実現していくためには，よりよい学校教育を通してよりよい社会を創るという理念を学校と社会とが共有し，それぞれの幼稚園において，幼児期にふさわしい生活をどのように展開し，どのような資質・能力を育むようにするのかを教育課程において明確にしながら，社会との連携及び協働によりその実現を図っていくという，社会に開かれた教育課程の実現が重要となる。

　幼稚園教育要領とは，こうした理念の実現に向けて必要となる教育課程の基準を大綱的に定めるものである。幼稚園教育要領が果たす役割の一つは，公の性質を有する幼稚園における教育水準を全国的に確保することである。また，各幼稚園がその特色を生かして創意工夫を重ね，長年にわたり積み重ねられてきた教育実践や学術研究の蓄積を生かしながら，幼児や地域の現状や課題を捉え，家庭や地域社会と協力して，幼稚園教育要領を踏まえた教育活動の更なる充実を図っていくことも重要である。

　幼児の自発的な活動としての遊びを生み出すために必要な環境を整え，一人一人の資質・能力を育んでいくことは，教職員をはじめとする幼稚園関係者はもとより，家庭や地域の人々も含め，様々な立場から幼児や幼稚園に関わる全ての大人に期待される役割である。家庭との緊密な連携の下，小学校以降の教育や生涯にわたる学習とのつながりを見通しながら，幼児の自発的な活動としての遊びを通しての総合的な指導をする際に広く活用されるものとなることを期待して，ここに幼稚園教育要領を定める。

付録7

● 第1章 総則

第1 幼稚園教育の基本

　幼児期の教育は，生涯にわたる人格形成の基礎を培う重要なものであり，幼稚園教育は，学校教育法に規定する目的及び目標を達成するため，幼児期の特性を踏まえ，環境を通して行うものであることを基本とする。

　このため教師は，幼児との信頼関係を十分に築き，幼児が身近な環境に主体的に関わり，環境との関わり方や意味に気付き，これらを取り込もうとして，試行錯誤したり，考えたりするようになる幼児期の教育における見方・考え方を生かし，幼児と共によりよい教育環境を創造するように努めるものとする。これらを踏まえ，次に示す事項を重視して教育を行わなければならない。

1　幼児は安定した情緒の下で自己を十分に発揮することにより発達に必要な体験を得ていくものであることを考慮して，幼児の主体的な活動を促し，幼児期にふさわしい生活が展開されるようにすること。

2　幼児の自発的な活動としての遊びは，心身の調和のとれた発達の基礎を培う重要な学習であることを考慮して，遊びを通しての指導を中心として第2章に示すねらいが総合的に達成されるようにすること。

3　幼児の発達は，心身の諸側面が相互に関連し合い，多様な経過をたどって成し遂げられていくものであること，また，幼児の生活経験がそれぞれ異なることなどを考慮して，幼児一人一人の特性に応じ，発達の課題に即した指導を行うようにすること。

　その際，教師は，幼児の主体的な活動が確保されるよう幼児一人一人の行動の理解と予想に基づき，計画的に環境を構成しなければならない。この場合において，教師は，幼児と人やものとの関わりが重要であることを踏まえ，教材を工夫し，物的・空間的環境を構成しなければならない。また，幼児一人一人の活動の場面に応じて，様々な役割を果たし，その活動を豊かにしなければならない。

第2 幼稚園教育において育みたい資質・能力及び「幼児期の終わりまでに育ってほしい姿」

1　幼稚園においては，生きる力の基礎を育むため，この章の第1に示す幼稚園教育の基本を踏まえ，次に掲げる資質・能力を一体的に育むよう努めるものとする。

(1) 豊かな体験を通じて，感じたり，気付いたり，分かったり，できるようになったりする「知識及び技能の基礎」

(2) 気付いたことや，できるようになったことなどを使い，考えたり，試したり，工夫したり，表現したりする「思考力，判断力，表現力等の基礎」

(3) 心情，意欲，態度が育つ中で，よりよい生活を営もうとする「学びに向かう力，人間性等」

2　1に示す資質・能力は，第2章に示すねらい及び内容に基づく活動全体によって育むものである。

3　次に示す「幼児期の終わりまでに育ってほしい姿」は，第2章に示すねらい及び内容に基づく活動全体を通して資質・能力が育まれている幼児の幼稚園修了時の具体的な姿であり，教師が指導を行う際に考慮するものである。

(1) 健康な心と体

　　幼稚園生活の中で，充実感をもって自分のやりたいことに向かって心と体を十分に働かせ，見通しをもって行動し，自ら健康で安全な生活をつくり出すようになる。

(2) 自立心

　　身近な環境に主体的に関わり様々な活動を楽しむ中で，しなければならないことを自覚し，

付録7

自分の力で行うために考えたり，工夫したりしながら，諦めずにやり遂げることで達成感を味わい，自信をもって行動するようになる。

(3) 協同性

友達と関わる中で，互いの思いや考えなどを共有し，共通の目的の実現に向けて，考えたり，工夫したり，協力したりし，充実感をもってやり遂げるようになる。

(4) 道徳性・規範意識の芽生え

友達と様々な体験を重ねる中で，してよいことや悪いことが分かり，自分の行動を振り返ったり，友達の気持ちに共感したりし，相手の立場に立って行動するようになる。また，きまりを守る必要性が分かり，自分の気持ちを調整し，友達と折り合いを付けながら，きまりをつくったり，守ったりするようになる。

(5) 社会生活との関わり

家族を大切にしようとする気持ちをもつとともに，地域の身近な人と触れ合う中で，人との様々な関わり方に気付き，相手の気持ちを考えて関わり，自分が役に立つ喜びを感じ，地域に親しみをもつようになる。また，幼稚園内外の様々な環境に関わる中で，遊びや生活に必要な情報を取り入れ，情報に基づき判断したり，情報を伝え合ったり，活用したりするなど，情報を役立てながら活動するようになるとともに，公共の施設を大切に利用するなどして，社会とのつながりなどを意識するようになる。

(6) 思考力の芽生え

身近な事象に積極的に関わる中で，物の性質や仕組みなどを感じ取ったり，気付いたりし，考えたり，予想したり，工夫したりするなど，多様な関わりを楽しむようになる。また，友達の様々な考えに触れる中で，自分と異なる考えがあることに気付き，自ら判断したり，考え直したりするなど，新しい考えを生み出す喜びを味わいながら，自分の考えをよりよいものにするようになる。

(7) 自然との関わり・生命尊重

自然に触れて感動する体験を通して，自然の変化などを感じ取り，好奇心や探究心をもって考え言葉などで表現しながら，身近な事象への関心が高まるとともに，自然への愛情や畏敬の念をもつようになる。また，身近な動植物に心を動かされる中で，生命の不思議さや尊さに気付き，身近な動植物への接し方を考え，命あるものとしていたわり，大切にする気持ちをもって関わるようになる。

(8) 数量や図形，標識や文字などへの関心・感覚

遊びや生活の中で，数量や図形，標識や文字などに親しむ体験を重ねたり，標識や文字の役割に気付いたりし，自らの必要感に基づきこれらを活用し，興味や関心，感覚をもつようになる。

(9) 言葉による伝え合い

先生や友達と心を通わせる中で，絵本や物語などに親しみながら，豊かな言葉や表現を身に付け，経験したことや考えたことなどを言葉で伝えたり，相手の話を注意して聞いたりし，言葉による伝え合いを楽しむようになる。

(10) 豊かな感性と表現

心を動かす出来事などに触れ感性を働かせる中で，様々な素材の特徴や表現の仕方などに気付き，感じたことや考えたことを自分で表現したり，友達同士で表現する過程を楽しんだりし，表現する喜びを味わい，意欲をもつようになる。

第3 教育課程の役割と編成等

1 教育課程の役割

　　各幼稚園においては，教育基本法及び学校教育法その他の法令並びにこの幼稚園教育要領の示すところに従い，創意工夫を生かし，幼児の心身の発達と幼稚園及び地域の実態に即応した適切な教育課程を編成するものとする。

　　また，各幼稚園においては，6に示す全体的な計画にも留意しながら，「幼児期の終わりまでに育ってほしい姿」を踏まえ教育課程を編成すること，教育課程の実施状況を評価してその改善を図っていくこと，教育課程の実施に必要な人的又は物的な体制を確保するとともにその改善を図っていくことなどを通して，教育課程に基づき組織的かつ計画的に各幼稚園の教育活動の質の向上を図っていくこと（以下「カリキュラム・マネジメント」という。）に努めるものとする。

2 各幼稚園の教育目標と教育課程の編成

　　教育課程の編成に当たっては，幼稚園教育において育みたい資質・能力を踏まえつつ，各幼稚園の教育目標を明確にするとともに，教育課程の編成についての基本的な方針が家庭や地域とも共有されるよう努めるものとする。

3 教育課程の編成上の基本的事項

(1) 幼稚園生活の全体を通して第2章に示すねらいが総合的に達成されるよう，教育課程に係る教育期間や幼児の生活経験や発達の過程などを考慮して具体的なねらいと内容を組織するものとする。この場合においては，特に，自我が芽生え，他者の存在を意識し，自己を抑制しようとする気持ちが生まれる幼児期の発達の特性を踏まえ，入園から修了に至るまでの長期的な視野をもって充実した生活が展開できるように配慮するものとする。

(2) 幼稚園の毎学年の教育課程に係る教育週数は，特別の事情のある場合を除き，39週を下ってはならない。

(3) 幼稚園の1日の教育課程に係る教育時間は，4時間を標準とする。ただし，幼児の心身の発達の程度や季節などに適切に配慮するものとする。

4 教育課程の編成上の留意事項

　　教育課程の編成に当たっては，次の事項に留意するものとする。

(1) 幼児の生活は，入園当初の一人一人の遊びや教師との触れ合いを通して幼稚園生活に親しみ，安定していく時期から，他の幼児との関わりの中で幼児の主体的な活動が深まり，幼児が互いに必要な存在であることを認識するようになり，やがて幼児同士や学級全体で目的をもって協同して幼稚園生活を展開し，深めていく時期などに至るまでの過程を様々に経ながら広げられていくものであることを考慮し，活動がそれぞれの時期にふさわしく展開されるようにすること。

(2) 入園当初，特に，3歳児の入園については，家庭との連携を緊密にし，生活のリズムや安全面に十分配慮すること。また，満3歳児については，学年の途中から入園することを考慮し，幼児が安心して幼稚園生活を過ごすことができるよう配慮すること。

(3) 幼稚園生活が幼児にとって安全なものとなるよう，教職員による協力体制の下，幼児の主体的な活動を大切にしつつ，園庭や園舎などの環境の配慮や指導の工夫を行うこと。

5 小学校教育との接続に当たっての留意事項

(1) 幼稚園においては，幼稚園教育が，小学校以降の生活や学習の基盤の育成につながることに配慮し，幼児期にふさわしい生活を通して，創造的な思考や主体的な生活態度などの基礎を培うようにするものとする。

(2) 幼稚園教育において育まれた資質・能力を踏まえ，小学校教育が円滑に行われるよう，小学校の教師との意見交換や合同の研究の機会などを設け，「幼児期の終わりまでに育ってほしい

付録7

123

姿」を共有するなど連携を図り，幼稚園教育と小学校教育との円滑な接続を図るよう努めるものとする。

6　全体的な計画の作成

　　各幼稚園においては，教育課程を中心に，第3章に示す教育課程に係る教育時間の終了後等に行う教育活動の計画，学校保健計画，学校安全計画などとを関連させ，一体的に教育活動が展開されるよう全体的な計画を作成するものとする。

第4　指導計画の作成と幼児理解に基づいた評価

1　指導計画の考え方

　　幼稚園教育は，幼児が自ら意欲をもって環境と関わることによりつくり出される具体的な活動を通して，その目標の達成を図るものである。

　　幼稚園においてはこのことを踏まえ，幼児期にふさわしい生活が展開され，適切な指導が行われるよう，それぞれの幼稚園の教育課程に基づき，調和のとれた組織的，発展的な指導計画を作成し，幼児の活動に沿った柔軟な指導を行わなければならない。

2　指導計画の作成上の基本的事項

（1）　指導計画は，幼児の発達に即して一人一人の幼児が幼児期にふさわしい生活を展開し，必要な体験を得られるようにするために，具体的に作成するものとする。

（2）　指導計画の作成に当たっては，次に示すところにより，具体的なねらい及び内容を明確に設定し，適切な環境を構成することなどにより活動が選択・展開されるようにするものとする。

　　ア　具体的なねらい及び内容は，幼稚園生活における幼児の発達の過程を見通し，幼児の生活の連続性，季節の変化などを考慮して，幼児の興味や関心，発達の実情などに応じて設定すること。

　　イ　環境は，具体的なねらいを達成するために適切なものとなるように構成し，幼児が自らその環境に関わることにより様々な活動を展開しつつ必要な体験を得られるようにすること。その際，幼児の生活する姿や発想を大切にし，常にその環境が適切なものとなるようにすること。

　　ウ　幼児の行う具体的な活動は，生活の流れの中で様々に変化するものであることに留意し，幼児が望ましい方向に向かって自ら活動を展開していくことができるよう必要な援助をすること。

　　　その際，幼児の実態及び幼児を取り巻く状況の変化などに即して指導の過程についての評価を適切に行い，常に指導計画の改善を図るものとする。

3　指導計画の作成上の留意事項

　　指導計画の作成に当たっては，次の事項に留意するものとする。

（1）　長期的に発達を見通した年，学期，月などにわたる長期の指導計画やこれとの関連を保ちながらより具体的な幼児の生活に即した週，日などの短期の指導計画を作成し，適切な指導が行われるようにすること。特に，週，日などの短期の指導計画については，幼児の生活のリズムに配慮し，幼児の意識や興味の連続性のある活動が相互に関連して幼稚園生活の自然な流れの中に組み込まれるようにすること。

（2）　幼児が様々な人やものとの関わりを通して，多様な体験をし，心身の調和のとれた発達を促すようにしていくこと。その際，幼児の発達に即して主体的・対話的で深い学びが実現するようにするとともに，心を動かされる体験が次の活動を生み出すことを考慮し，一つ一つの体験が相互に結び付き，幼稚園生活が充実するようにすること。

(3) 言語に関する能力の発達と思考力等の発達が関連していることを踏まえ，幼稚園生活全体を通して，幼児の発達を踏まえた言語環境を整え，言語活動の充実を図ること。

(4) 幼児が次の活動への期待や意欲をもつことができるよう，幼児の実態を踏まえながら，教師や他の幼児と共に遊びや生活の中で見通しをもったり，振り返ったりするよう工夫すること。

(5) 行事の指導に当たっては，幼稚園生活の自然の流れの中で生活に変化や潤いを与え，幼児が主体的に楽しく活動できるようにすること。なお，それぞれの行事についてはその教育的価値を十分検討し，適切なものを精選し，幼児の負担にならないようにすること。

(6) 幼児期は直接的な体験が重要であることを踏まえ，視聴覚教材やコンピュータなど情報機器を活用する際には，幼稚園生活では得難い体験を補完するなど，幼児の体験との関連を考慮すること。

(7) 幼児の主体的な活動を促すためには，教師が多様な関わりをもつことが重要であることを踏まえ，教師は，理解者，共同作業者など様々な役割を果たし，幼児の発達に必要な豊かな体験が得られるよう，活動の場面に応じて，適切な指導を行うようにすること。

(8) 幼児の行う活動は，個人，グループ，学級全体などで多様に展開されるものであることを踏まえ，幼稚園全体の教師による協力体制を作りながら，一人一人の幼児が興味や欲求を十分に満足させるよう適切な援助を行うようにすること。

4 幼児理解に基づいた評価の実施

幼児一人一人の発達の理解に基づいた評価の実施に当たっては，次の事項に配慮するものとする。

(1) 指導の過程を振り返りながら幼児の理解を進め，幼児一人一人のよさや可能性などを把握し，指導の改善に生かすようにすること。その際，他の幼児との比較や一定の基準に対する達成度についての評定によって捉えるものではないことに留意すること。

(2) 評価の妥当性や信頼性が高められるよう創意工夫を行い，組織的かつ計画的な取組を推進するとともに，次年度又は小学校等にその内容が適切に引き継がれるようにすること。

付録7

第5 特別な配慮を必要とする幼児への指導

1 障害のある幼児などへの指導

障害のある幼児などへの指導に当たっては，集団の中で生活することを通して全体的な発達を促していくことに配慮し，特別支援学校などの助言又は援助を活用しつつ，個々の幼児の障害の状態などに応じた指導内容や指導方法の工夫を組織的かつ計画的に行うものとする。また，家庭，地域及び医療や福祉，保健等の業務を行う関係機関との連携を図り，長期的な視点で幼児への教育的支援を行うために，個別の教育支援計画を作成し活用することに努めるとともに，個々の幼児の実態を的確に把握し，個別の指導計画を作成し活用することに努めるものとする。

2 海外から帰国した幼児や生活に必要な日本語の習得に困難のある幼児の幼稚園生活への適応

海外から帰国した幼児や生活に必要な日本語の習得に困難のある幼児については，安心して自己を発揮できるよう配慮するなど個々の幼児の実態に応じ，指導内容や指導方法の工夫を組織的かつ計画的に行うものとする。

第6 幼稚園運営上の留意事項

1 各幼稚園においては，園長の方針の下に，園務分掌に基づき教職員が適切に役割を分担しつつ，相互に連携しながら，教育課程や指導の改善を図るものとする。また，各幼稚園が行う学校評価については，教育課程の編成，実施，改善が教育活動や幼稚園運営の中核となることを踏まえ，カリキュラム・マネジメントと関連付けながら実施するよう留意するものとする。

125

2 　幼児の生活は，家庭を基盤として地域社会を通じて次第に広がりをもつものであることに留意し，家庭との連携を十分に図るなど，幼稚園における生活が家庭や地域社会と連続性を保ちつつ展開されるようにするものとする。その際，地域の自然，高齢者や異年齢の子供などを含む人材，行事や公共施設などの地域の資源を積極的に活用し，幼児が豊かな生活体験を得られるように工夫するものとする。また，家庭との連携に当たっては，保護者との情報交換の機会を設けたり，保護者と幼児との活動の機会を設けたりなどすることを通じて，保護者の幼児期の教育に関する理解が深まるよう配慮するものとする。

3 　地域や幼稚園の実態等により，幼稚園間に加え，保育所，幼保連携型認定こども園，小学校，中学校，高等学校及び特別支援学校などとの間の連携や交流を図るものとする。特に，幼稚園教育と小学校教育の円滑な接続のため，幼稚園の幼児と小学校の児童との交流の機会を積極的に設けるようにするものとする。また，障害のある幼児児童生徒との交流及び共同学習の機会を設け，共に尊重し合いながら協働して生活していく態度を育むよう努めるものとする。

第7　教育課程に係る教育時間終了後等に行う教育活動など

　幼稚園は，第3章に示す教育課程に係る教育時間の終了後等に行う教育活動について，学校教育法に規定する目的及び目標並びにこの章の第1に示す幼稚園教育の基本を踏まえ実施するものとする。また，幼稚園の目的の達成に資するため，幼児の生活全体が豊かなものとなるよう家庭や地域における幼児期の教育の支援に努めるものとする。

付録7

● 第2章　ねらい及び内容

　この章に示すねらいは，幼稚園教育において育みたい資質・能力を幼児の生活する姿から捉えたものであり，内容は，ねらいを達成するために指導する事項である。各領域は，これらを幼児の発達の側面から，心身の健康に関する領域「健康」，人との関わりに関する領域「人間関係」，身近な環境との関わりに関する領域「環境」，言葉の獲得に関する領域「言葉」及び感性と表現に関する領域「表現」としてまとめ，示したものである。内容の取扱いは，幼児の発達を踏まえた指導を行うに当たって留意すべき事項である。

　各領域に示すねらいは，幼稚園における生活の全体を通じ，幼児が様々な体験を積み重ねる中で相互に関連をもちながら次第に達成に向かうものであること，内容は，幼児が環境に関わって展開する具体的な活動を通して総合的に指導されるものであることに留意しなければならない。

　また，「幼児期の終わりまでに育ってほしい姿」が，ねらい及び内容に基づく活動全体を通して資質・能力が育まれている幼児の幼稚園修了時の具体的な姿であることを踏まえ，指導を行う際に考慮するものとする。

　なお，特に必要な場合には，各領域に示すねらいの趣旨に基づいて適切な，具体的な内容を工夫し，それを加えても差し支えないが，その場合には，それが第1章の第1に示す幼稚園教育の基本を逸脱しないよう慎重に配慮する必要がある。

健　康
〔健康な心と体を育て，自ら健康で安全な生活をつくり出す力を養う。〕
1　ねらい
(1)　明るく伸び伸びと行動し，充実感を味わう。
(2)　自分の体を十分に動かし，進んで運動しようとする。
(3)　健康，安全な生活に必要な習慣や態度を身に付け，見通しをもって行動する。
2　内　容
(1)　先生や友達と触れ合い，安定感をもって行動する。
(2)　いろいろな遊びの中で十分に体を動かす。
(3)　進んで戸外で遊ぶ。
(4)　様々な活動に親しみ，楽しんで取り組む。
(5)　先生や友達と食べることを楽しみ，食べ物への興味や関心をもつ。
(6)　健康な生活のリズムを身に付ける。
(7)　身の回りを清潔にし，衣服の着脱，食事，排泄などの生活に必要な活動を自分でする。
(8)　幼稚園における生活の仕方を知り，自分たちで生活の場を整えながら見通しをもって行動する。
(9)　自分の健康に関心をもち，病気の予防などに必要な活動を進んで行う。
(10)　危険な場所，危険な遊び方，災害時などの行動の仕方が分かり，安全に気を付けて行動する。
3　内容の取扱い
　上記の取扱いに当たっては，次の事項に留意する必要がある。
(1)　心と体の健康は，相互に密接な関連があるものであることを踏まえ，幼児が教師や他の幼児との温かい触れ合いの中で自己の存在感や充実感を味わうことなどを基盤として，しなやかな心と体の発達を促すこと。特に，十分に体を動かす気持ちよさを体験し，自ら体を動かそうとする意欲が育つようにすること。
(2)　様々な遊びの中で，幼児が興味や関心，能力に応じて全身を使って活動することにより，体を

付録7

127

動かす楽しさを味わい，自分の体を大切にしようとする気持ちが育つようにすること。その際，多様な動きを経験する中で，体の動きを調整するようにすること。

(3) 自然の中で伸び伸びと体を動かして遊ぶことにより，体の諸機能の発達が促されることに留意し，幼児の興味や関心が戸外にも向くようにすること。その際，幼児の動線に配慮した園庭や遊具の配置などを工夫すること。

(4) 健康な心と体を育てるためには食育を通じた望ましい食習慣の形成が大切であることを踏まえ，幼児の食生活の実情に配慮し，和やかな雰囲気の中で教師や他の幼児と食べる喜びや楽しさを味わったり，様々な食べ物への興味や関心をもったりするなどし，食の大切さに気付き，進んで食べようとする気持ちが育つようにすること。

(5) 基本的な生活習慣の形成に当たっては，家庭での生活経験に配慮し，幼児の自立心を育て，幼児が他の幼児と関わりながら主体的な活動を展開する中で，生活に必要な習慣を身に付け，次第に見通しをもって行動できるようにすること。

(6) 安全に関する指導に当たっては，情緒の安定を図り，遊びを通して安全についての構えを身に付け，危険な場所や事物などが分かり，安全についての理解を深めるようにすること。また，交通安全の習慣を身に付けるようにするとともに，避難訓練などを通して，災害などの緊急時に適切な行動がとれるようにすること。

人間関係

〔他の人々と親しみ，支え合って生活するために，自立心を育て，人と関わる力を養う。〕

1 ねらい

(1) 幼稚園生活を楽しみ，自分の力で行動することの充実感を味わう。

(2) 身近な人と親しみ，関わりを深め，工夫したり，協力したりして一緒に活動する楽しさを味わい，愛情や信頼感をもつ。

(3) 社会生活における望ましい習慣や態度を身に付ける。

2 内容

(1) 先生や友達と共に過ごすことの喜びを味わう。

(2) 自分で考え，自分で行動する。

(3) 自分でできることは自分でする。

(4) いろいろな遊びを楽しみながら物事をやり遂げようとする気持ちをもつ。

(5) 友達と積極的に関わりながら喜びや悲しみを共感し合う。

(6) 自分の思ったことを相手に伝え，相手の思っていることに気付く。

(7) 友達のよさに気付き，一緒に活動する楽しさを味わう。

(8) 友達と楽しく活動する中で，共通の目的を見いだし，工夫したり，協力したりなどする。

(9) よいことや悪いことがあることに気付き，考えながら行動する。

(10) 友達との関わりを深め，思いやりをもつ。

(11) 友達と楽しく生活する中できまりの大切さに気付き，守ろうとする。

(12) 共同の遊具や用具を大切にし，皆で使う。

(13) 高齢者をはじめ地域の人々などの自分の生活に関係の深いいろいろな人に親しみをもつ。

3 内容の取扱い

上記の取扱いに当たっては，次の事項に留意する必要がある。

(1) 教師との信頼関係に支えられて自分自身の生活を確立していくことが人と関わる基盤となることを考慮し，幼児が自ら周囲に働き掛けることにより多様な感情を体験し，試行錯誤しながら諦めずにやり遂げることの達成感や，前向きな見通しをもって自分の力で行うことの充実感を味わ

うことができるよう，幼児の行動を見守りながら適切な援助を行うようにすること。

(2)　一人一人を生かした集団を形成しながら人と関わる力を育てていくようにすること。その際，集団の生活の中で，幼児が自己を発揮し，教師や他の幼児に認められる体験をし，自分のよさや特徴に気付き，自信をもって行動できるようにすること。

(3)　幼児が互いに関わりを深め，協同して遊ぶようになるため，自ら行動する力を育てるようにするとともに，他の幼児と試行錯誤しながら活動を展開する楽しさや共通の目的が実現する喜びを味わうことができるようにすること。

(4)　道徳性の芽生えを培うに当たっては，基本的な生活習慣の形成を図るとともに，幼児が他の幼児との関わりの中で他人の存在に気付き，相手を尊重する気持ちをもって行動できるようにし，また，自然や身近な動植物に親しむことなどを通して豊かな心情が育つようにすること。特に，人に対する信頼感や思いやりの気持ちは，葛藤やつまずきをも体験し，それらを乗り越えることにより次第に芽生えてくることに配慮すること。

(5)　集団の生活を通して，幼児が人との関わりを深め，規範意識の芽生えが培われることを考慮し，幼児が教師との信頼関係に支えられて自己を発揮する中で，互いに思いを主張し，折り合いを付ける体験をし，きまりの必要性などに気付き，自分の気持ちを調整する力が育つようにすること。

(6)　高齢者をはじめ地域の人々などの自分の生活に関係の深いいろいろな人と触れ合い，自分の感情や意志を表現しながら共に楽しみ，共感し合う体験を通して，これらの人々などに親しみをもち，人と関わることの楽しさや人の役に立つ喜びを味わうことができるようにすること。また，生活を通して親や祖父母などの家族の愛情に気付き，家族を大切にしようとする気持ちが育つようにすること。

環　境

［周囲の様々な環境に好奇心や探究心をもって関わり，それらを生活に取り入れていこうとする力を養う。］

1　ねらい

(1)　身近な環境に親しみ，自然と触れ合う中で様々な事象に興味や関心をもつ。

(2)　身近な環境に自分から関わり，発見を楽しんだり，考えたりし，それを生活に取り入れようとする。

(3)　身近な事象を見たり，考えたり，扱ったりする中で，物の性質や数量，文字などに対する感覚を豊かにする。

2　内　容

(1)　自然に触れて生活し，その大きさ，美しさ，不思議さなどに気付く。

(2)　生活の中で，様々な物に触れ，その性質や仕組みに興味や関心をもつ。

(3)　季節により自然や人間の生活に変化のあることに気付く。

(4)　自然などの身近な事象に関心をもち，取り入れて遊ぶ。

(5)　身近な動植物に親しみをもって接し，生命の尊さに気付き，いたわったり，大切にしたりする。

(6)　日常生活の中で，我が国や地域社会における様々な文化や伝統に親しむ。

(7)　身近な物を大切にする。

(8)　身近な物や遊具に興味をもって関わり，自分なりに比べたり，関連付けたりしながら考えたり，試したりして工夫して遊ぶ。

(9)　日常生活の中で数量や図形などに関心をもつ。

付録7

129

(10) 日常生活の中で簡単な標識や文字などに関心をもつ。

(11) 生活に関係の深い情報や施設などに興味や関心をもつ。

(12) 幼稚園内外の行事において国旗に親しむ。

3 内容の取扱い

上記の取扱いに当たっては，次の事項に留意する必要がある。

(1) 幼児が，遊びの中で周囲の環境と関わり，次第に周囲の世界に好奇心を抱き，その意味や操作の仕方に関心をもち，物事の法則性に気付き，自分なりに考えることができるようになる過程を大切にすること。また，他の幼児の考えなどに触れて新しい考えを生み出す喜びや楽しさを味わい，自分の考えをよりよいものにしようとする気持ちが育つようにすること。

(2) 幼児期において自然のもつ意味は大きく，自然の大きさ，美しさ，不思議さなどに直接触れる体験を通して，幼児の心が安らぎ，豊かな感情，好奇心，思考力，表現力の基礎が培われることを踏まえ，幼児が自然との関わりを深めることができるよう工夫すること。

(3) 身近な事象や動植物に対する感動を伝え合い，共感し合うことなどを通して自分から関わろうとする意欲を育てるとともに，様々な関わり方を通してそれらに対する親しみや畏敬の念，生命を大切にする気持ち，公共心，探究心などが養われるようにすること。

(4) 文化や伝統に親しむ際には，正月や節句など我が国の伝統的な行事，国歌，唱歌，わらべうたや我が国の伝統的な遊びに親しんだり，異なる文化に触れる活動に親しんだりすることを通じて，社会とのつながりの意識や国際理解の意識の芽生えなどが養われるようにすること。

(5) 数量や文字などに関しては，日常生活の中で幼児自身の必要感に基づく体験を大切にし，数量や文字などに関する興味や関心，感覚が養われるようにすること。

言　葉

⎡経験したことや考えたことなどを自分なりの言葉で表現し，相手の話す言葉を聞こうとする意欲
⎣や態度を育て，言葉に対する感覚や言葉で表現する力を養う。⎦

1 ねらい

(1) 自分の気持ちを言葉で表現する楽しさを味わう。

(2) 人の言葉や話などをよく聞き，自分の経験したことや考えたことを話し，伝え合う喜びを味わう。

(3) 日常生活に必要な言葉が分かるようになるとともに，絵本や物語などに親しみ，言葉に対する感覚を豊かにし，先生や友達と心を通わせる。

2 内　容

(1) 先生や友達の言葉や話に興味や関心をもち，親しみをもって聞いたり，話したりする。

(2) したり，見たり，聞いたり，感じたり，考えたりなどしたことを自分なりに言葉で表現する。

(3) したいこと，してほしいことを言葉で表現したり，分からないことを尋ねたりする。

(4) 人の話を注意して聞き，相手に分かるように話す。

(5) 生活の中で必要な言葉が分かり，使う。

(6) 親しみをもって日常の挨拶をする。

(7) 生活の中で言葉の楽しさや美しさに気付く。

(8) いろいろな体験を通じてイメージや言葉を豊かにする。

(9) 絵本や物語などに親しみ，興味をもって聞き，想像をする楽しさを味わう。

(10) 日常生活の中で，文字などで伝える楽しさを味わう。

付録7

3 内容の取扱い

上記の取扱いに当たっては，次の事項に留意する必要がある。

(1) 言葉は，身近な人に親しみをもって接し，自分の感情や意志などを伝え，それに相手が応答し，その言葉を聞くことを通して次第に獲得されていくものであることを考慮して，幼児が教師や他の幼児と関わることにより心を動かされるような体験をし，言葉を交わす喜びを味わえるようにすること。

(2) 幼児が自分の思いを言葉で伝えるとともに，教師や他の幼児などの話を興味をもって注意して聞くことを通して次第に話を理解するようになっていき，言葉による伝え合いができるようにすること。

(3) 絵本や物語などで，その内容と自分の経験とを結び付けたり，想像を巡らせたりするなど，楽しみを十分に味わうことによって，次第に豊かなイメージをもち，言葉に対する感覚が養われるようにすること。

(4) 幼児が生活の中で，言葉の響きやリズム，新しい言葉や表現などに触れ，これらを使う楽しさを味わえるようにすること。その際，絵本や物語に親しんだり，言葉遊びなどをしたりすることを通して，言葉が豊かになるようにすること。

(5) 幼児が日常生活の中で，文字などを使いながら思ったことや考えたことを伝える喜びや楽しさを味わい，文字に対する興味や関心をもつようにすること。

表　現

感じたことや考えたことを自分なりに表現することを通して，豊かな感性や表現する力を養い，創造性を豊かにする。

1 ねらい

(1) いろいろなものの美しさなどに対する豊かな感性をもつ。

(2) 感じたことや考えたことを自分なりに表現して楽しむ。

(3) 生活の中でイメージを豊かにし，様々な表現を楽しむ。

2 内容

(1) 生活の中で様々な音，形，色，手触り，動きなどに気付いたり，感じたりするなどして楽しむ。

(2) 生活の中で美しいものや心を動かす出来事に触れ，イメージを豊かにする。

(3) 様々な出来事の中で，感動したことを伝え合う楽しさを味わう。

(4) 感じたこと，考えたことなどを音や動きなどで表現したり，自由にかいたり，つくったりなどする。

(5) いろいろな素材に親しみ，工夫して遊ぶ。

(6) 音楽に親しみ，歌を歌ったり，簡単なリズム楽器を使ったりなどする楽しさを味わう。

(7) かいたり，つくったりすることを楽しみ，遊びに使ったり，飾ったりなどする。

(8) 自分のイメージを動きや言葉などで表現したり，演じて遊んだりするなどの楽しさを味わう。

3 内容の取扱い

上記の取扱いに当たっては，次の事項に留意する必要がある。

(1) 豊かな感性は，身近な環境と十分に関わる中で美しいもの，優れたもの，心を動かす出来事などに出会い，そこから得た感動を他の幼児や教師と共有し，様々に表現することなどを通して養われるようにすること。その際，風の音や雨の音，身近にある草や花の形や色など自然の中にある音，形，色などに気付くようにすること。

(2) 幼児の自己表現は素朴な形で行われることが多いので，教師はそのような表現を受容し，幼児

付録7

自身の表現しようとする意欲を受け止めて，幼児が生活の中で幼児らしい様々な表現を楽しむことができるようにすること。

(3) 生活経験や発達に応じ，自ら様々な表現を楽しみ，表現する意欲を十分に発揮させることができるように，遊具や用具などを整えたり，様々な素材や表現の仕方に親しんだり，他の幼児の表現に触れられるよう配慮したりし，表現する過程を大切にして自己表現を楽しめるように工夫すること。

付録7

● 第3章　教育課程に係る教育時間の終了後等に行う教育活動などの留意事項

1　地域の実態や保護者の要請により，教育課程に係る教育時間の終了後等に希望する者を対象に行う教育活動については，幼児の心身の負担に配慮するものとする。また，次の点にも留意するものとする。

(1)　教育課程に基づく活動を考慮し，幼児期にふさわしい無理のないものとなるようにすること。その際，教育課程に基づく活動を担当する教師と緊密な連携を図るようにすること。

(2)　家庭や地域での幼児の生活も考慮し，教育課程に係る教育時間の終了後等に行う教育活動の計画を作成するようにすること。その際，地域の人々と連携するなど，地域の様々な資源を活用しつつ，多様な体験ができるようにすること。

(3)　家庭との緊密な連携を図るようにすること。その際，情報交換の機会を設けたりするなど，保護者が，幼稚園と共に幼児を育てるという意識が高まるようにすること。

(4)　地域の実態や保護者の事情とともに幼児の生活のリズムを踏まえつつ，例えば実施日数や時間などについて，弾力的な運用に配慮すること。

(5)　適切な責任体制と指導体制を整備した上で行うようにすること。

2　幼稚園の運営に当たっては，子育ての支援のために保護者や地域の人々に機能や施設を開放して，園内体制の整備や関係機関との連携及び協力に配慮しつつ，幼児期の教育に関する相談に応じたり，情報を提供したり，幼児と保護者との登園を受け入れたり，保護者同士の交流の機会を提供したりするなど，幼稚園と家庭が一体となって幼児と関わる取組を進め，地域における幼児期の教育のセンターとしての役割を果たすよう努めるものとする。その際，心理や保健の専門家，地域の子育て経験者等と連携・協働しながら取り組むよう配慮するものとする。

付録7

学習指導要領等の改善に係る検討に必要な専門的作業等協力者（五十音順）

（職名は平成 29 年 6 月現在）

大 平 は な　　神奈川県横浜市教育委員会指導主事

柿 野 成 美　　公益財団法人消費者教育支援センター総括主任研究員

勝 田 映 子　　帝京大学准教授

工 藤 由貴子　　前横浜国立大学教授

新 福 敦 子　　鹿児島県教育委員会専門員

鈴 木 明 子　　広島大学大学院教授

長 澤 由喜子　　岩手大学名誉教授

永 田 恵 子　　山梨県教育委員会義務教育課課長補佐

永 田 晴 子　　大妻女子大学専任講師

中 村 恵 子　　福島大学教授

蓮 実 和 代　　東京都北区立滝野川小学校副校長

藤 井 純 子　　茨城県水戸市立寿小学校教諭

横 山 美 明　　神奈川県横浜市立上白根小学校校長

なお，文部科学省においては，次の者が本書の編集に当たった。

合 田 哲 雄　　初等中等教育局教育課程課長

梶 山 正 司　　初等中等教育局教科書課長（前初等中等教育局主任視学官）

平 野 　誠　　大臣官房教育改革調整官

大 内 克 紀　　初等中等教育局教育課程課学校教育官

筒 井 恭 子　　初等中等教育局教育課程課教科調査官